Charmes d'aujourd'hui

pour nous les filles

Charmes d'aujourd'hui

pour nous les filles

Lucy Summers

SOLAR

Titre original de cet ouvrage
The Girl's Book of Enchantments

Traduction-adaptation
Pierre Vican

Réalisation
Bookmaker, Paris

Mise en pages
Béatrice Leroy

ISBN : 2-263-03521-4
Code éditeur : S03521
Dépôt légal : Août 2003

Imprimé en Chine

SOMMAIRE

QUE LA MAGIE COMMENCE

L'art des enchanteresses est aussi vieux que l'humanité. Les chamans de la Préhistoire pratiquaient la magie pour que la chasse soit bonne et que les malades de la tribu guérissent. Le recours à la magie pour influencer, d'une manière ou d'une autre, le cours de la vie s'est transmis au long des siècles sous toutes les latitudes. Aujourd'hui encore, les tribus indigènes et les disciples de mouvements néopaïens pratiquent des rites magiques. De nos jours, l'art des enchanteresses est autant d'actualité qu'à l'âge de pierre. Et si les difficultés de la vie moderne auxquelles nous faisons face ne sont plus les mêmes, nous pouvons toujours y trouver des solutions.

CI-DESSOUS. La technique des charmes peut être utilisée par tout un chacun ayant l'esprit ouvert.

Pratiquer la magie

Qu'est-ce donc que la magie ? Pour en faire, devez-vous être experte en sorcellerie ? En fait, la magie est en nous et nous entoure. Tout ce que nous devons faire pour tirer parti de ses pouvoirs est d'apprendre

quelques tours. N'importe qui peut y arriver. C'est vrai, les charmes sont la spécialité des magiciens et des sorciers, mais il n'est pas nécessaire que vous soyez magicienne ou sorcière pour apprendre à en créer. Nul besoin de s'adonner à des rites longs et complexes pour utiliser les charmes détaillés dans ce livre. Au contraire, quelques formules et quelques accessoires faciles à trouver vous permettront de formuler vos vœux.

Ces charmes sont conçus de manière à produire des changements positifs dans votre vie. Ce livre ne contient aucun charme destiné à nuire à qui que ce soit. Faire de la magie dans un but malveillant est nocif, et, comme le dit la tradition, de telles pratiques se retourneraient contre son auteur. La magie négative est souvent le fait de personnes mal disposées envers autrui et dont l'existence n'est pas enviable. À l'opposé, la magie positive ne peut que vous aider et améliorer les choses autour de vous en vous apportant le succès, l'amitié, l'amour et un emploi qui répondra à vos souhaits. Lorsque la magie est utilisée dans un esprit de générosité, avec un peu d'humour et beaucoup de sincérité, elle marche – aussi faites attention à ce que vous demandez !

CI-DESSUS. Des peuples divers, comme ces Indiens Huichol, utilisent la magie et ses rites dans leur vie quotidienne.

LES INGRÉDIENTS DE BASE

La sorcellerie emploie traditionnellement une grande variété d'objets et d'ingrédients qui s'achètent ou que l'on confectionne soi-même avant de les consacrer. Cependant, dans un but de simplification, vous n'aurez pas besoin de préparer beaucoup de choses. Voici quelques-uns des éléments le plus souvent utilisés.

Un autel

Un autel est indispensable à la plupart des charmes. Il peut être aménagé simplement en utilisant une caisse en bois, un coffre ou une table, pourvu qu'ils soient suffisamment stables pour y poser des bougies allumées. Pour conférer à l'autel plus de pouvoirs magiques, recouvrez-le d'un tissu. Le vert ou le blanc sont de bonnes couleurs, mais vous pouvez en choisir une autre qui s'harmonisera avec le sort que vous voulez jeter.

L'autel peut servir aussi comme support de méditation ou pour honorer les saisons qui passent en disposant dessus des fleurs, des fruits, des noix ou des graines.

Les bougies

Les bougies améliorent la concentration et accroissent l'énergie contenue dans un charme. Les couleurs ont différentes correspondances.

COULEURS/ÉNERGIE DU CHARME

jaune/or • force, abondance, bonheur

blanc/argent/violet • pureté, guérison, activité psychique

rouge • protection, vitalité, désir

orange • communication, profession, activité mentale

bleu • guérison, richesse

vert/mauve • amour, romantisme, amitié, harmonie

noir • annulation, rejet des pensées négatives

CI-DESSUS. Cônes d'encens.

L'encens

Comme les bougies, l'encens contribue à créer une bonne atmosphère et facilite l'émission de vos souhaits dans le cosmos. Sauf indication particulière, utilisez l'encens qui vous semble le plus adéquat.

Autres ingrédients

Les charmes reposent souvent sur d'autres ingrédients naturels comme les plantes, les pierres, les cristaux ou les plumes, tous dotés de leur propre énergie. N'oubliez pas que si vous cueillez des plantes fraîches, vous devez toujours le faire avec respect. Demandez d'abord la permission à la plante et confiez-lui ce que vous voulez faire. Après l'avoir préparée, remerciez-la par une petite offrande (une pincée de sel ou quelques-uns de vos cheveux).

RÉVÉLER LES POUVOIRS CACHÉS

Comment trouver de la magie dans notre vie ?

L'énergie, source de magie, réside autour de nous et en nous-mêmes. C'est un flux invisible comparable au courant électrique ou au champ électromagnétique, mais qui relie entre eux tous les êtres et toutes les choses de l'univers. Le fait de concentrer notre volonté sur ce que nous souhaitons voir arriver suffit bien souvent à diriger l'énergie créatrice vers le changement souhaité et entraîne les événements propices à la matérialisation du souhait.

La volonté

Le recours à la volonté dans l'accomplissement de vœux magiques demande que vous développiez et pratiquiez un art capital : celui de la visualisation. Vous devez être capable d'imaginer vos vœux comme s'ils étaient exaucés et d'en garder une image claire dans votre esprit. Vous pouvez vous exercer à cette technique en plaçant un objet devant vous – par exemple, une pomme. Observez-la pendant une minute, puis fermez les yeux et souvenez-vous mentalement de chaque détail. Ne vous contentez pas de « voir » la pomme. Vous devez pouvoir la « sentir », dans les deux sens du terme, l'« entendre », etc.

À GAUCHE. Divers objets de la maison peuvent servir à formuler un charme.

Les règles des enchanteresses

Il est absolument exclu d'employer la magie pour nuire à d'autres personnes. Les sorts exercés dans ce dessein se retournent contre leur auteur, ne le faites donc pas, même si vous êtes très en colère. Les charmes opèrent en outre en vertu d'un principe simple : vous obtenez ce dont vous avez besoin plutôt que ce que vous voulez. Par exemple, un charme au sujet de l'argent vous aidera à vous sortir d'une mauvaise passe, mais pas à vous faire gagner un million d'euros.

Avant de formuler un charme, réfléchissez d'abord. Agissez-vous sur un coup de tête que vous pourriez regretter plus tard ? La magie peut produire des changements importants dans votre vie ; ne vous en servez que si vous êtes sincère avec vous-même. Lorsque votre charme aura atteint son but, détruisez-le. La meilleure façon de le faire, c'est de brûler les ingrédients que vous avez utilisés.

À DROITE. La magie devrait restaurer équilibre et harmonie dans votre vie.

La magie lunaire

Tout comme elle influence les marées, la Lune influence les flux de la magie. Les phases lunaires sont importantes dans la plupart des charmes, leurs vibrations lumineuses pouvant être de puissantes alliées. Nombre de cultures anciennes et la plupart des sorciers d'aujourd'hui considèrent la lune comme une déesse, reine du Ciel. Elle apporte créativité, inspiration, magie et maîtrise des cycles de la vie. Lorsque vous pratiquez un rituel ou une cérémonie, prenez en compte la phase dans laquelle se trouve la Lune :

 *Nouvelle lune • Nouveau départ ou idées nouvelles ; projet naissant*

 *Lune croissante • Charmes pour des événements positifs*

 *Pleine lune • Époque de réalisation ; activité psychique*

 *Lune décroissante • Rejet de la négativité ; fin ; perte*

La magie solaire

Le Soleil possède lui aussi une énergie puissante : il contrôle les saisons, les jours et les nuits. Bien que la magie moderne se base plus sur la Lune que sur les saisons ou les jours de la semaine, ils ont été inclus ici au cas où vous souhaiteriez vous y référer :

Printemps • Commencements, amitié et fréquentation ; gain financier

Été • Célébrations, mariage, enfants, réalisations, amour, guérison et bonheur

CI-DESSUS. Les Anciens pensaient que les forces cosmiques influençaient la magie et leur existence.

Automne • Réflexion, réunion, magie méditative
Hiver • Purification des vibrations et des habitudes indésirables ; magie des songes

Les jours de la semaine

Les astrologues ont depuis longtemps attribué aux jours de la semaine une influence due aux planètes de notre système solaire. Essayez si possible de choisir le bon jour pour effectuer vos charmes. Ainsi serez-vous sûre que les énergies planétaires leur fourniront une force cosmique.

Dimanche • Soleil – courage et force ; vitalité ; bonne santé ; bonheur ; abondance ; protection
Lundi • Lune – guérison ; pouvoirs psychiques ; charmes impliquant l'eau ; inspiration ; créativité
Mardi • Mars – protection efficace ; énergie et vivacité ; désir ; discussions
Mercredi • Mercure – communication ; examens ; voyages ; réunions ; créativité
Jeudi • Jupiter – abondance ; chance ; bonne santé ; bonheur
Vendredi • Vénus – amour ; amitié ; confort ; réconciliation
Samedi • Saturne – rejet de la négativité ; sagesse

LES BASES DE LA TRADITION

Les éléments

La sagesse ancienne nous enseigne que les éléments physiques représentent les énergies existant dans le milieu environnant. Tous les aspects de la magie consciente ou subconsciente utilisent ces forces. Par exemple, chaque fois que nous allumons une bougie, nous exploitons l'énergie du feu. L'encens apporte aux charmes l'énergie de l'air. Par conséquent, une connaissance minimale des éléments naturels entrant en jeu dans la magie est importante.

La terre

Cet élément symbolise la stabilité et la sécurité. Il peut être représenté par le sol, le sable, les rochers, les pierres et les plantes. La terre est aussi figurée par le symbole de la sorcellerie, le pentacle. L'énergie terrestre est utile pour les charmes sur l'argent et ceux qui visent à protéger l'environnement. Sa direction est le nord.

L'air

L'air véhicule les idées, l'inspiration et les informations. Associez l'air à vos charmes en faisant brûler de l'encens ou en pratiquant votre rituel au sommet d'une colline. Les arbres sont aussi porteurs de l'élément naturel de l'air. L'énergie aérienne est utile pour faire entendre vos souhaits et clarifier votre esprit. Sa direction est l'est.

Le feu

La chaleur du feu donne énergie, force et intensité à la magie. Lorsqu'on utilise une bougie dans les charmes, sa flamme renforce leur efficacité. Cependant, servez vous des bougies avec respect et précaution – le feu est une énergie délicate à maîtriser qui peut aider comme brûler. Sa direction est le sud.

L'eau

L'eau purifie et guérit. Elle représente aussi les émotions. Pour associer l'énergie liquide à vos charmes, placez un bol rempli d'eau sur votre autel. L'eau est également bénéfique à l'activité psychique et à l'amour. Sa direction est l'ouest.

À GAUCHE. Les quatre éléments : la terre, l'air, le feu et l'eau forment le monde magique dans lequel nous vivons.

LA MAGIE
EN
VILLE

POUR CELLE QUI VIT EN VILLE

À gauche. Au XVIe siècle, l'intolérance religieuse valait aux sorcières d'être brûlées sur le bûcher.

BIEN QUE LA SORCELLERIE SOIT APPARUE IL Y A FORT LONGTEMPS, ELLE A TOUJOURS RÉUSSI À RESTER AU GOÛT DU JOUR EN TIRANT PARTI DE CE QUE LUI OFFRE L'ENVIRONNEMENT COMME OBJETS ET MATÉRIAUX DE SUPPORT. LE MONDE D'AUJOURD'HUI NE FAIT PAS EXCEPTION. LES DIFFICULTÉS ONT PEUT-ÊTRE CHANGÉ – NOUS N'AVIONS PAS D'ENNUIS AVEC LES ORDINATEURS IL Y A PLUSIEURS SIÈCLES –, MAIS LE BESOIN DE SOLUTIONS MAGIQUES DEMEURE.

Dans le passé, sorcières et jeteuses de sorts étaient souvent persécutées et condamnées à mort pour leurs pratiques. Aujourd'hui, si la peine capitale n'a plus cours, ceux qui avouent exercer la magie sont tournés en ridicule. Aussi est-il

prudent de garder cela pour vous. Certains charmes comme « Amis pour toujours » ou « Charme pour ordinateur » demandent un surcroît d'astuce. Mais ne vous inquiétez pas : ce sont là autant de défis faciles à surmonter. Il faut également prendre le temps de mieux connaître votre milieu. En différents lieux croissent des plantes et des arbres divers. Partez à leur rencontre – ne vous contentez pas de les observer, parlez-leur silencieusement et percevez leur énergie. Dès que vous aurez rempli votre sacoche d'objets recueillis autour de vous, vous pourrez entreprendre de formuler vos propres charmes. Faites cependant attention à ne pas employer de dangereuses substances toxiques !

Pour la magie de la ville, n'utilisez pas que des articles anciens ou mystérieux. Le charme « Amis pour toujours », par exemple, requiert simplement une enveloppe et un ruban. La magie peut très bien se concevoir avec des trombones et un correcteur fluide ! Donc, que vous ayez besoin de vous détendre ou d'être en sécurité lorsque vous sortez, n'hésitez pas à pratiquer la magie de la ville.

CI-DESSOUS. Prenez conscience de votre environnement et apprenez autant que vous le pouvez à son sujet.

DES DEVOIRS PLUS FACILES

Développez vos capacités intellectuelles avec le savoir ancestral des plantes

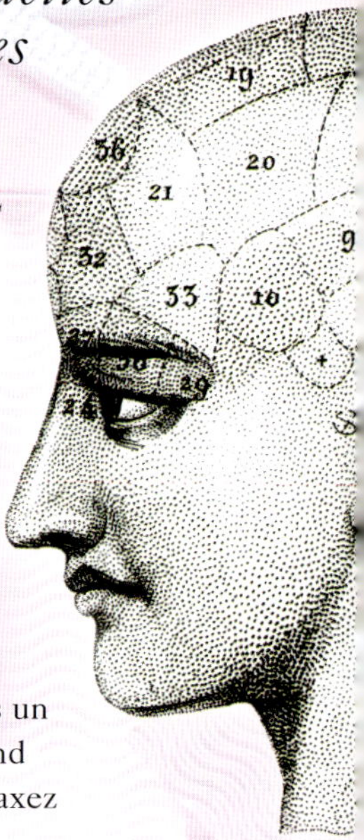

IL ARRIVE QUE LE TRAVAIL QUI VOUS ATTEND SEMBLE PLUS ARDU QUE D'ESCALADER UNE MONTAGNE. LES EXERCICES ET LES DEVOIRS ONT UNE FÂCHEUSE TENDANCE À REQUÉRIR VOTRE ATTENTION QUAND VOUS VOUS Y ATTENDEZ LE MOINS, LORSQUE VOUS ÊTES FATIGUÉE OU OCCUPÉE PAR UN EMPLOI DU TEMPS CHARGÉ.

Cette simple recette d'herboristerie s'inspire de la connaissance ancestrale des plantes. Elle vous aidera à développer vos facultés mentales et votre vivacité d'esprit. Avec cela, vos devoirs seront finis avant même de vous en apercevoir !

Placez la sauge, le basilic, les graines d'aneth et le café dans un mortier et pulvérisez finement le tout à l'aide d'un pilon. Quand vous serez satisfaite du résultat obtenu, ajoutez le sable et malaxez bien l'ensemble. Versez le mélange dans un bocal hermétique afin que vous puissiez toujours disposer de la préparation à votre guise.

Dès que vous en ressentez le besoin, versez une cuillerée à café du mélange dans une assiette. Prenez alors une simple pincée dans l'assiette et posez-la sur une soucoupe. Ajoutez-y un tout petit peu d'eau pour obtenir une consistance pâteuse. Veillez à ce que la mixture ne soit pas trop liquide. Puis, avec votre index, étalez sur votre front, entre vos sourcils, un petit trait de pâte. Saupoudrez doucement votre devoir du reste du mélange sec. Dites :

Mélange magique de plantes et de sable,
Fais que mon travail devienne agréable,
Donne à mon esprit le pouvoir de voir
Les réponses aux questions de mon devoir.

Ma tête et mes papiers ont reçu ce charme
Maintenant, je ne peux que réussir
Je commence ainsi ma quête de la sagesse
Sachant que mon travail sera
le meilleur.

Restez assise une minute ou deux, en pensant calmement au travail qui vous attend. Puis rassemblez doucement les feuilles de papier devant vous en veillant à ne rien faire tomber du mélange magique. Emportez-les dehors et secouez-les consciencieusement en formulant une prière silencieuse de remerciement aux puissances qui vont fournir l'aide que vous ne tarderez pas à recevoir.

PRENEZ...

DE LA SAUGE SÉCHÉE

DU BASILIC SÉCHÉ

DES GRAINES D'ANETH

DU CAFÉ EN GRAINS

UN PILON ET UN MORTIER

DU SABLE

UN PETIT PEU D'EAU

VOTRE DEVOIR

AMIS POUR TOUJOURS

Annulez les mauvaises vibrations entre amis

IL ARRIVE QUE MÊME LES MEILLEURS AMIS SE FÂCHENT. QUE CELA SURVIENNE ENTRE DEUX PERSONNES EST DÉJÀ PÉNIBLE, MAIS IL EST PARTICULIÈREMENT ÉPROUVANT QUE TOUT UN GROUPE SE DÉSAGRÈGE À LA SUITE D'UNE DISPUTE. IL EST PLUS FACILE DE DIRE DES CHOSES QUE DE LES RETIRER.

Ce charme est conçu pour détendre l'atmosphère et susciter la réconciliation. Bientôt, vous aurez tous oublié la raison pour laquelle vous vous étiez fâchés ! Pour bannir de votre groupe l'hypocrisie et les rumeurs, procédez selon les étapes suivantes :

Prenez n'importe quel prétexte pour demander à chaque personne concernée de vous remettre un morceau de papier portant quelques mots écrits de sa main. Recueillez les feuilles et emportez-les chez vous en prenant soin de les isoler de toute autre feuille de papier utilisée. Puis, un vendredi, jour de Vénus, déesse de l'Amour et de l'Harmonie, prenez ces feuilles de papier et liez-les ensemble avec un ruban rose, en disant :

Je vous lie d'amitié. Que toute méchanceté et colère soient dès lors bannies de ce groupe. Qu'apparaissent à la place le bonheur et l'harmonie, la paix et la compassion dans nos cœurs. Je le veux, qu'il en soit ainsi.

La formule doit être dite trois fois, puis vous glisserez les feuilles dans une enveloppe qui sera scellée. Placez l'enveloppe dans un endroit sûr où elle ne sera pas découverte. Les mauvaises vibrations entre vous et vos amis devraient rapidement s'inverser, et vous retrouverez la bonne ambiance qui régnait auparavant. Il est préférable de ne pas montrer l'enveloppe à vos amis. Non seulement cela amoindrirait l'efficacité de la magie, mais vous risqueriez de passer pour une personne bizarre dans le groupe !

CHARME POUR ORDINATEUR

Dévoilez les mystères de votre ordinateur – en étant gentille avec lui !

ON PEUT SE DEMANDER SI LES ORDINATEURS N'ONT PAS PRIS LE CONTRÔLE DU MONDE. QUEL EST L'ENDROIT OÙ NE TRÔNE PAS L'UNE DE CES MACHINES ? QUI N'A JAMAIS EU BESOIN DE S'EN SERVIR ? POURTANT, IL N'EST PAS DONNÉ À TOUT LE MONDE DE COMPRENDRE LE FONCTIONNEMENT DE CES APPAREILS. LEUR COMPLEXITÉ LEUR CONFÈRE UNE AURA DE MYSTÈRE, ET ON A DU MAL À CROIRE QUE CE NE SONT QUE DES ROBOTS À L'INTELLIGENCE LIMITÉE.

Les ordinateurs tombent souvent en panne au mauvais moment. C'est si frustrant que l'on aurait envie de les jeter par la fenêtre et d'en revenir aux bons vieux stylos et papiers. Mais il existe une solution. Pratiquez ce charme et faites de votre ordinateur un fidèle compagnon.

D'abord, traitez votre ordinateur comme s'il était vraiment un ami. Pas besoin de l'emmener au restaurant ! Il faut le dépoussiérer à l'aide d'un chiffon et débrouiller ses câbles arrière. Ensuite, activez un programme de traitement de texte et tapez ce charme avec un morceau de quartz dans la main :

Bits et octets, ROM et RAM,
Par le mystère de la Carte mère,
Je te demande de m'aider dans mon travail ;
Esprit de cet ordinateur,

À travers la puce électronique,
Par le MS-DOS et
ses applications,
Dans ton sein
le plus secret,
Te voilà requis pour
agir selon ma volonté
Et ne causer
aucun tort,
Pour être mon aide,
mon assistant, mon ami
Jusqu'à ce que j'en aie fini
avec mon travail.

Sauvegardez et archivez le charme dans votre ordinateur, dans un endroit spécial. Assurez-vous que personne ne pourra le découvrir ! Le charme restera connecté à sa mémoire et sera activé chaque fois que l'ordinateur sera lancé. Rappelez-vous qu'il faut parler à votre ordinateur (gentiment) et le maintenir propre et en bon état de marche. Vous pouvez même lui donner un petit nom.

PRENEZ…

UN CHIFFON

UN MORCEAU DE QUARTZ

VOTRE ORDINATEUR

UNE OASIS DANS LA VILLE

Un charme pour vous détendre avant une épreuve ou un événement redouté

VIVRE DANS UNE CAPITALE OU DANS UNE GRANDE VILLE PEUT OCCASIONNER UN STRESS IMPORTANT. PARVENIR À SE RELAXER EST PARFOIS IMPOSSIBLE PAR MANQUE DE TEMPS. AFIN DE VOUS CRÉER UN HAVRE DE PAIX, EMPLOYEZ CETTE TECHNIQUE AVANT D'AFFRONTER UN ÉVÉNEMENT CRUCIAL OU APRÈS VOS HEURES DE CLASSE.

Choisissez un endroit où vous ne serez pas dérangée. Versez une goutte d'huile de lavande sur votre doigt et frictionnez-en vos tempes. Asseyez-vous, relaxez-vous et fermez les yeux. Commencez à imaginer que votre corps devient de plus en plus léger. Visualisez-vous en train de flotter vers le haut, aussi immatérielle qu'une plume ou qu'un grain de poussière. Au fur et à mesure, vous vous sentez aller de plus en plus haut, au-dessus des immeubles, jusqu'à ce que toute la ville s'étende en dessous de vous. Vous voilà débarrassée de toute préoccupation et de toute anxiété. Là, rien ne peut venir vous contrarier.

Un petit nuage léger s'approche. Vous marchez dessus et vous vous asseyez. Il soutient votre poids de sa consistance molle et confortable. Il vous emporte encore plus haut, vers un magnifique arc-en-ciel sous lequel vous vous installez. Des gouttes de rosée multicolores se déversent sur vous. Bientôt, un brouillard irradiant de chaleur vous enveloppe. Son énergie subtile vous imprègne, le calme et la quiétude vous envahissent.

Quelques instants plus tard, l'arc-en-ciel s'évanouit et le nuage s'évapore peu à peu. Vous revenez doucement sur terre toujours en flottant, vous réintégrez lentement votre corps. Consacrez quelques minutes à vous orienter dans le monde matériel, ouvrez les yeux, souriez et dites : « Tout va bien et je suis détendue. »

PRENEZ...

DE L'HUILE ESSENTIELLE DE LAVANDE

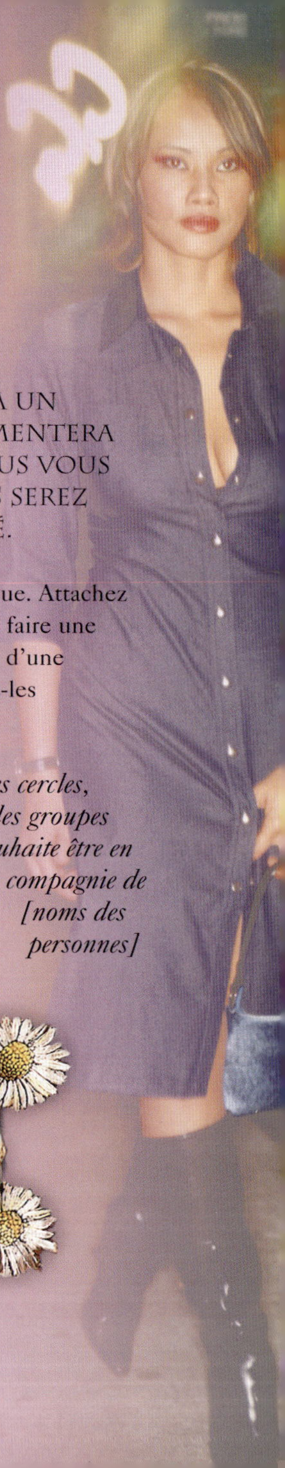

AU MILIEU DE LA FOULE

Faites de nouvelles rencontres

IL EST PARFOIS DIFFICILE D'OSER SE JOINDRE À UN NOUVEAU GROUPE SOCIAL. CE CHARME AUGMENTERA VOS CHANCES D'ÉLARGIR VOS RELATIONS. VOUS VOUS DÉBARRASSEREZ DE VOTRE TIMIDITÉ ET VOUS SEREZ ADMIRÉE ET ENVIÉE POUR VOTRE SOCIABILITÉ.

Un soir de pleine lune, prenez les morceaux de laine bleue. Attachez ensemble les extrémités du premier brin de façon à en faire une boucle. Nouez-y un autre brin de manière à former le début d'une chaîne. Faites de même avec les autres brins bleus et placez-les de façon à former un cercle. Ce faisant, dites :

Cercles dans les cercles,
boucles dans les groupes
Je souhaite être en
compagnie de
[noms des
personnes]

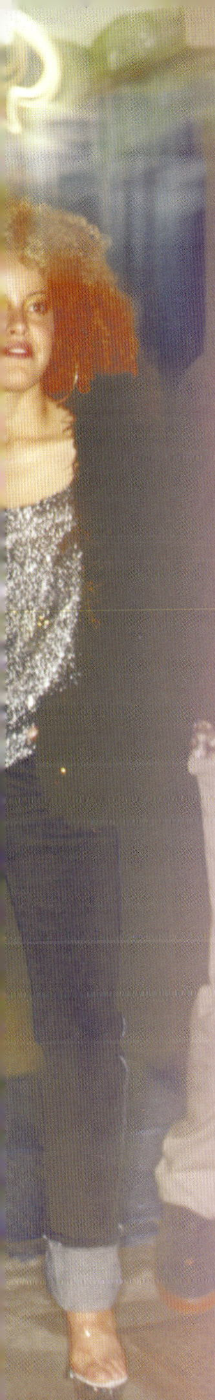

Par toutes les étoiles dans le ciel
Par tous les grains de sable sur la plage
Je vous choisis comme mes amis, ma tribu, mon clan.
Puissent-ils entendre mon appel
Et m'accueillir parmi eux
Qu'il en soit ainsi.

À ce moment, visualisez-vous en train d'être accueillie chaleureusement par vos nouveaux amis. Quand l'image est très précise, prenez le brin de laine blanche et servez-vous-en pour relier entre elles les deux extrémités de la chaîne obtenue avec les brins de laine bleue pour former un cercle complet. Dites :

Je serai le tout nouveau lien du cercle
Je le maintiendrai uni
Je serai estimée pour ce que j'apporte
Je ferai partie de ces amis
Aussi longtemps que je le souhaite.

Placez la bougie sur un bougeoir stable et posez le cercle de laine autour de sa base. Allumez la bougie tout en chantant :

Le feu apporte l'énergie
à ce charme
Et, par lui, qu'aucun mal
ne soit fait
Puisse ce charme opérer pour moi
Je le veux, qu'il en soit ainsi !

Laissez la bougie brûler pendant une heure avant de l'éteindre. Mettez le charme en lieu sûr et n'y touchez pas pendant au moins un mois.

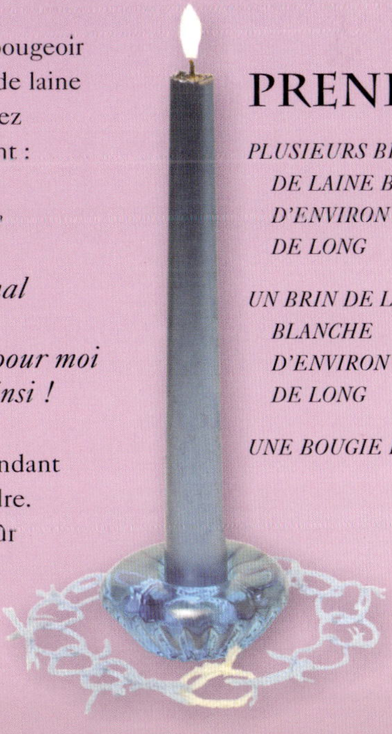

PRENEZ...

PLUSIEURS BRINS DE LAINE BLEUE D'ENVIRON 6 CM DE LONG

UN BRIN DE LAINE BLANCHE D'ENVIRON 6 CM DE LONG

UNE BOUGIE BLEUE

LE CHASSEUR DE BRUME

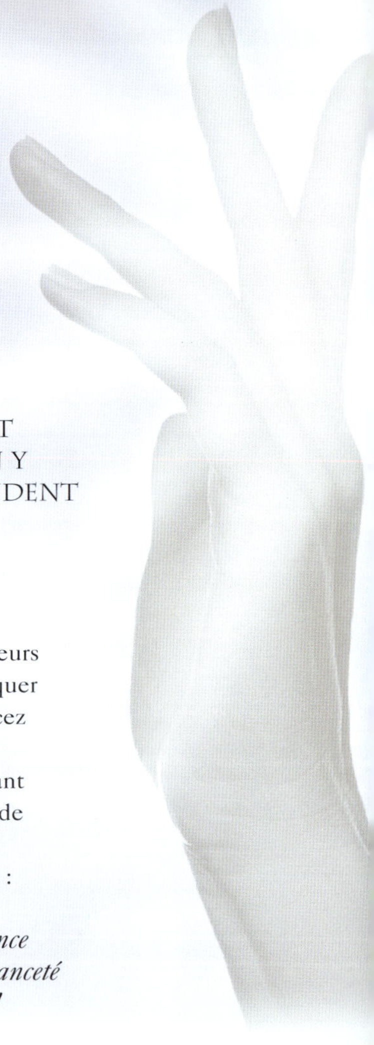

Chassez l'air vicié et la pollution citadine

LE MONDE MODERNE EST ENVAHI PAR LA POLLUTION. CELLE-CI CONTIENT EN OUTRE DES ÉNERGIES NÉGATIVES, QUI SONT DES POISONS D'UN AUTRE GENRE. CES ÉNERGIES IMPRÈGNENT L'ATMOSPHÈRE DE NOTRE HABITATION EN Y LAISSANT DES SUBSTANCES QUI NOUS RENDENT MALADES, NOUS ET LA PLANÈTE.

Après avoir passé une journée en ville, nous nous sentons sales, à l'intérieur comme à l'extérieur.

L'eau et le sel ont des pouvoirs nettoyants, protecteurs et thérapeutiques, tout comme le romarin. Pour pratiquer ce charme, remplissez de romarin l'œuf à infuser. Placez l'œuf dans un bol, faites bouillir de l'eau et versez-la dans le récipient. Laissez infuser cinq minutes. Pendant ce temps, ajoutez une pincée de sel et couvrez le bol de vos mains. Visualisez un flux de lumière bleu argenté qui va des paumes de vos mains vers le liquide. Dites :

Sel, eau et herbe sainte, je vous bénis par la puissance de la lumière qui vous aide à chasser toute la méchanceté où vous êtes plongés. Je le veux, qu'il en soit ainsi !

PRENEZ...

UNE PETITE CUILLERÉE DE ROMARIN (SÉCHÉ OU FRAIS ET PILÉ)

UN ŒUF À INFUSER

DE L'EAU

UNE PINCÉE DE SEL

UN PETIT VAPORISATEUR DE PARFUM

Quand l'infusion a refroidi, versez-la dans un vaporisateur. Le mélange est alors prêt pour que vous puissiez l'emporter avec vous partout où vous irez. Pour l'école, par exemple, vaporisez le liquide en l'air autour de vous, en disant (discrètement si nécessaire) :

Sel, eau et herbe sainte, agissez :
Autour de moi, ombres noires,
disparaissez.

Rappelez-vous, le liquide devra être renouvelé tous les trois ou quatre jours, et la pompe du vaporisateur devra être nettoyée des traces de sel.

UNE GUERRIÈRE EN VILLE

Ranimez la guerrière qui est en vous pour traverser la ville en sécurité

JADIS, LES GUERRIERS SE PEIGNAIENT LE VISAGE AFIN D'ATTIRER LA PROTECTION DIVINE ET SUSCITER LA CRAINTE CHEZ L'ENNEMI. COMMENT AIMERIEZ-VOUS VOUS GRIMER ? VOILÀ DE QUOI VOUS AMUSER ET VOUS PROTÉGER PAR LA MÊME OCCASION !

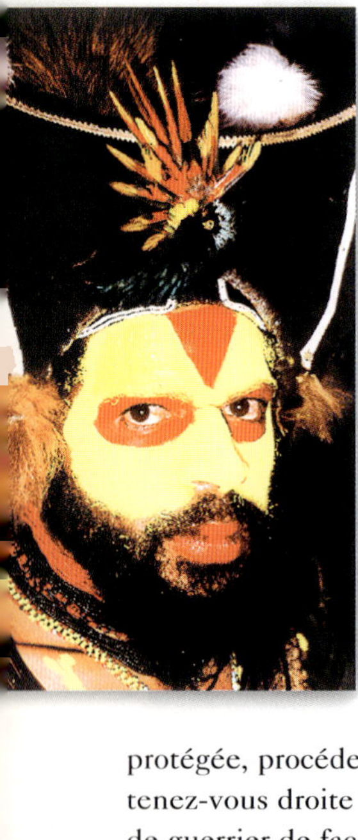

Réfléchissez à la manière dont vous aimeriez vous grimer et faites une ébauche sur une feuille de papier. N'hésitez pas à essayer divers masques ; préférez-vous barrer les deux côtés de votre visage d'un gros trait rouge, du front au menton, ou bien recouvrir vos yeux d'une bande noire ? Vous pouvez essayer de vous grimer directement avec des crayons pour les yeux. Dès que vous avez trouvé un masque de guerrier qui vous convient, faites-en un dessin final sur papier et mettez-le en lieu sûr.

Juste avant de sortir, spécialement quand vous estimez devoir être bien protégée, procédez ainsi : mettez-vous devant une glace et tenez-vous droite ; avec vos doigts, dessinez votre masque de guerrier de façon imaginaire sur votre visage. Visualisez une lumière ovale et brillante enveloppant votre corps. C'est votre aura. Pour en faire un véritable écran, faites-la briller de plus en plus, comme une barrière qui arrêterait tous ceux qui voudraient vous importuner. Pour finir, invoquez les anciennes déesses de la Guerre pour qu'elles vous accompagnent et vous protègent :

Inanna, dame de Sumer, reine du Ciel, sois devant moi.
Athéna, protectrice d'Athènes, sois derrière moi.
Sekhmet, féroce défenseur d'Égypte, sois à ma gauche.
Scathach, maîtresse des guerriers, sois à ma droite.
Morrigan, déesse celte de la Bataille, sois en dessous de moi.
Artémis, avec tes flèches d'argent, sois au-dessus de moi.
Puissances des déesses qui m'entourez
Qu'aucun mal ne m'atteigne ce soir
Qu'il en soit ainsi.

PRENEZ...

DU PAPIER

DES CRAYONS DE COULEURS

K
Q

Attirer l'Abondance

C'EST L'ARGENT QUI FAIT TOURNER LE MONDE

L'UTILISATION DE LA MAGIE À DES FINS LUCRATIVES A TOUJOURS ATTIRÉ NOMBRE D'APPRENTIS SORCIERS. FORCE EST POURTANT DE RECONNAÎTRE QUE, DANS LE MONDE DE LA SORCELLERIE, LES MILLIONNAIRES NE SONT PAS LÉGION. CELA SEMBLE CONTRADICTOIRE PUISQUE L'ON S'ATTENDRAIT À CE QUE CEUX QUI MAÎTRISENT LES SECRETS DU COSMOS PUISSENT S'ENRICHIR, N'EST-CE PAS ?

Ce n'est pas aussi simple. La magie a ses propres règles, l'une d'elles voulant que vous n'obteniez que ce dont vous avez besoin. Et comme la plupart d'entre nous n'ont pas vraiment besoin d'un million (bien que ce puisse être idéal), la magie, ici, ne peut intervenir.

Cela étant dit, vous pouvez quand même employer des moyens magiques pour influencer l'univers, favoriser la chance et créer l'abondance dans votre vie. Vous pouvez recourir à la magie pour avoir de bonnes notes à vos devoirs d'école, mais vous aurez toujours besoin de travailler dur et de bien étudier ! Vous pouvez aussi faire appel à la magie pour dénicher un petit job le samedi ou de bonnes affaires quand vous faites du shopping.

L'abondance s'obtient de diverses façons, l'essentiel étant de ne rien faire aux dépens d'un autre et de rendre votre vie plus heureuse. En contrepartie, la bonne magie veut que vous contribuiez au bien-être des autres, en donnant, par exemple, à une œuvre de charité.

Quel que soit le charme employé, donnez-lui d'abord toutes les chances de se réaliser. Cela consistera peut-être à relever un défi, à vous rendre à l'école dans un état d'esprit positif, ou à commencer à chercher un job à temps partiel, qui sera peut-être le premier échelon de votre carrière rêvée.

Il faut avant tout se sentir chanceuse, c'est ainsi que vous aurez de la chance.

Ci-dessus. Les fers à cheval sont associés à la chance.

PREMIÈRE DE LA CLASSE

Un charme pour surmonter l'angoisse des examens

POUR AVOIR DE BONNES NOTES, RIEN DE TEL QUE DE SE METTRE AU TRAVAIL ET DE BIEN RÉVISER. MÊME LE CHARME LE PLUS PUISSANT NE VOUS SERA D'AUCUN SECOURS SI VOUS LAMBINEZ À L'ÉCOLE. CEPENDANT, SI VOUS AVEZ FAIT TOUT CE QU'IL FALLAIT ET QUE VOUS ÊTES ENCORE NERVEUSE À L'IDÉE DES PROCHAINS EXAMENS, EMPLOYEZ CE CHARME POUR VOUS PLACER PARMI LES PREMIÈRES DE LA CLASSE.

Allumez les deux bougies (le bleu est la couleur associée à Jupiter, dieu du Succès) et l'encens. Prenez le morceau de fil, et enfilez-y les quatre boutons l'un après l'autre, en les attachant bien. Ce faisant, chantonnez le texte suivant :

Avec cette première étape, ma place est assurée
Finies mes inquiétudes au sujet de mes notes

Avec la deuxième étape, sincère et forte
Aux yeux des autres, je ne peux me tromper

Avec la troisième étape, le succès est à moi
Encore plus haut je m'élèverai

Avec cette dernière étape, ce charme opère
J'obtiendrai les meilleures notes !

Prenez le fil et les boutons et placez-les dans le bol de terre, en les couvrant du mieux que vous le pourrez. Dites :

Je lie ce charme par la puissance de la terre
Pour que le succès me sourie.

Retirez le charme de la terre, époussetez-le soigneusement et placez-le dans la boîte d'allumettes. Rangez-la ainsi que les bougies dans un endroit spécial. Laissez-les tranquilles afin que la magie puisse opérer et décupler sa puissance.

PRENEZ...

2 BOUGIES BLEUES

DE L'ENCENS

UN FIL BLEU

4 BOUTONS ORANGE

DE LA TERRE DANS UNE ASSIETTE EN FAÏENCE

UNE BOÎTE D'ALLUMETTES VIDE

L'OR DE MERLIN

Laissez l'alchimie jalonner votre chemin d'occasions magiques

CE CHARME OPÈRE MIEUX AU PRINTEMPS LORSQUE LES GRAINES PEUVENT ÊTRE ENTERRÉES DANS LE JARDIN. SI VOUS DEVEZ LE PRATIQUER À UNE AUTRE ÉPOQUE, OU SI VOUS N'AVEZ PAS DE JARDIN, PLANTEZ VOS GRAINES DANS UN POT, ET GARDEZ CELUI-CI À L'INTÉRIEUR.

PRENEZ...

UNE FEUILLE DE PAPIER

UN PETIT GALET

UN VERRE D'EAU

UNE BOUGIE DORÉE

DE L'ENCENS

DES GRAINES

Prenez la feuille de papier et tracez dessus le carré magique du soleil, indiqué à droite. Posez le galet dans le verre d'eau et placez celui-ci au soleil, sur la feuille de papier. Laissez-le absorber les rayons du soleil pendant quelques heures. Le soir, allumez la bougie dorée et l'encens. Retirez

le galet du verre d'eau et placez-le ainsi que les graines sur la feuille. Si vous utilisez un pot, ayez-le à portée de la main. Si vous plantez les graines dans le jardin, n'oubliez pas de préparer la terre.

Avalez une gorgée d'eau et sentez son énergie dorée irradier dans votre corps et vous transformer. Dites :

6	32	3	34	35	1
7	11	27	28	8	30
24	14	16	15	23	19
13	20	22	21	17	18
25	29	10	9	26	12
36	5	33	4	2	31

Par la puissance du Soleil
et par la force de l'univers,
Tout ce qui est banal
se transformera en trésor
Tout ce qui est gris
s'illuminera.
Par la vertu de la magie
de Merlin,
Mon futur sera jalonné
D'occasions en or.
Je le veux, qu'il en
soit ainsi.

Prenez les graines dans une main et enveloppez le galet dans le papier. Enterrez le galet enveloppé et plantez les graines par-dessus. Ce faisant, dites :

Comme fétiches de ce charme,
Je plante des graines pour montrer
Comment le rebut peut devenir de l'or,
Ainsi s'épanouira ma vie
Elle sera abondante
Et prospérera
Dès maintenant.
Qu'il en soit ainsi.

Enfin, versez doucement le reste de l'eau sur les graines.

APPELER LA FORTUNE

Pas de chance avec l'argent ? Voici comment le faire apparaître

QUI N'A PAS CONNU DE MOMENTS OÙ L'ARGENT SE FAISAIT RARE ? SI VOUS MANQUEZ D'ARGENT, CE CHARME EST TOUT INDIQUÉ.

Écrasez les feuilles de menthe dans votre main et jetez-les dans un verre d'eau bouillante. Laissez ensuite tomber les pièces dedans. Asseyez-vous et visualisez pendant un moment la quantité d'argent dont vous avez besoin.

Soyez réaliste, car les charmes d'argent ne peuvent procurer que ce qui vous est nécessaire et non combler vos rêves. Puis commencez à mélanger l'infusion dans le sens des aiguilles d'une montre en disant :

Argent, argent, viens à moi
Fortuna, apporte-moi ce dont j'ai besoin.

Dites-le encore et encore pendant que vous mélangez le liquide, tout en visualisant l'argent venir vers vous. Dès que vous sentez une nouvelle certitude vous envahir, arrêtez de mélanger votre infusion et buvez-la en prenant garde de n'avaler ni les feuilles ni les pièces. Placez alors les pièces dans une bourse. Vous pouvez y ajouter les feuilles de menthe après les avoir fait sécher. Gardez la bourse dans un endroit sûr.

Il n'est pas interdit de favoriser la chance, par exemple, en allant se renseigner sur ce job du samedi qui semble mieux payé...

PRENEZ...

QUELQUES FEUILLES DE MENTHE FRAÎCHE

UN VERRE D'EAU BOUILLANTE

DES PIÈCES DE MONNAIE BIEN NETTOYÉES

UNE BOURSE

DES ACHATS À GOGO

Un charme spécial pour réussir vos achats

CERTAINS NE VOUS CROIRONT PAS, MAIS IL EST POURTANT PARFOIS BIEN DIFFICILE DE FAIRE DES ACHATS ! VOUS SORTEZ POUR ACHETER QUELQUE CHOSE DE PRÉCIS ET, MALHEUREUSEMENT, L'ARTICLE CHOISI VIENT D'ÊTRE VENDU, OU IL EST PLUS CHER QUE VOUS NE LE PENSIEZ. POUR ÉVITER CES DÉSAGRÉMENTS ET VOUS AIDER À FAIRE DES ACHATS PLUS JUDICIEUX, PRÉPAREZ CE CHARME ET PRENEZ-LE AVEC VOUS CHAQUE FOIS QUE VOUS ALLEZ DANS LES MAGASINS.

La bourse peut soit avoir été achetée, soit avoir été confectionnée par vos soins, ce qui l'aura imprégnée de vos pouvoirs. Pour la personnaliser encore plus, vous pouvez la décorer à l'extérieur de paillettes en forme de pentacle. Les symboles que vous y ajoutez refléteront ce que vous désirez acheter. Par exemple, si vous êtes folle de vêtements, vous pouvez y glisser des vêtements de poupée ; si vous aimez les bijoux, placez-y un vieux bracelet ou une bague que vous ne portez plus. Vous pouvez aussi utiliser des images découpées dans des revues.

Mettez les éléments souhaités et un morceau de gingembre (une plante qui attire l'argent et le succès) dans la bourse.

Allumez la bougie et consacrez quelques minutes à visualiser ce que vous désirez acheter. Regardez-vous marcher dans le magasin et choisir les objets. Quand l'image est nette dans votre esprit, dites :

Bourse magique, fais en sorte
De m'apporter tout ce que je veux
Donne-moi la sagesse et dis-moi
Quand acheter et quand m'arrêter d'acheter
Les bonnes occasions sont pour moi
Le jour de mes courses magiques.
Je te secoue une fois, je te secoue deux fois
Le charme est vivant
Quand je te secoue une troisième fois.

Secouez la bourse trois fois. Le charme est maintenant opérant, et vous pouvez l'emporter dans votre sac à main. Vous pourrez, bien sûr, changer les ingrédients dans la bourse et relancer le sort chaque fois que vous faites des achats.

PRENEZ...

UNE PETITE BOURSE EN MATIÈRE DORÉE

DES SYMBOLES CORRESPONDANT AUX ACHATS PRÉVUS

UN PETIT MORCEAU DE RACINE DE GINGEMBRE

UNE BOUGIE VERTE

LE JOB IDÉAL DU SAMEDI

Obtenez le job et l'argent que vous méritez

UN PEU D'ARGENT EN PLUS NE VOUS FERAIT PAS DE MAL. AUSSI DÉCIDEZ-VOUS QUE CE TRAVAIL DU SAMEDI OU DES VACANCES EST CE QU'IL VOUS FAUT. UN PROBLÈME DEMEURE : COMMENT FAIRE POUR OBTENIR CE QUE VOUS VOULEZ ? CE CHARME DEVRAIT VOUS Y AIDER.

Pratiquez ce rituel un lundi soir, en période de nouvelle lune. Sur un autel, disposez les objets nécessaires en plaçant le miroir devant la bougie et l'épingle devant le miroir. Allumez la bougie et passez l'épingle à travers la flamme trois fois de suite. Dites :

Ô objet de la Tradition, je te nettoie
dans la flamme
Que tu sois purifié pour exaucer mon
vœu, entends ma requête ce soir.

Puis posez doucement l'épingle dans votre main, au-dessus du miroir, et récitez :

Je te charge par les pouvoirs
Des anciens Dieux et des esprits qui me guident
Montre la voie du travail qui me convient
Place mon pied sur le bon chemin
Et, où que tu sois,
Prête ton pouvoir et ton influence
De sorte que je réussisse dans ma quête
Et que la Tradition dont tu es chargée
au nom des Anciens
Soit trois fois bénie.

PRENEZ…

UN PETIT MIROIR

UNE BOUGIE BLANCHE

UNE ÉPINGLE NEUVE

DE LA SOIE

Placez l'épingle sur le miroir. Cela contribuera à accroître la puissance du charme. Laissez-la jusqu'à ce que la bougie se soit consumée, puis enveloppez-la soigneusement dans le morceau de soie. Quand vous lirez une annonce pour un travail auquel vous souhaitez postuler, prenez l'épingle et passez-la à travers le texte. S'il s'agit d'une proposition verbale, écrivez-en les termes sur une feuille de papier. Placez la feuille et l'épingle dans un lieu sûr, mais près de l'endroit où vous dormez.

LA CHANCE POUR ALLIÉE

Un charme efficace pour tous les jeux de chance

CETTE PETITE BOÎTE À CHARMES EST DESTINÉE À ATTIRER LA CHANCE QUAND VOUS VOUS MESUREZ À DES JOUEURS OU QUE VOUS VOUS DÉTENDEZ DANS UNE GALERIE DE JEUX.

Dessinez quelque part sur la boîte le signe de Jupiter, la planète de la prospérité (voir page ci-contre, au centre). Placez les différents objets dans la boîte, l'un après l'autre, en récitant le texte suivant :

Pour la pièce :

Argent, argent, viens à moi
Je le veux, qu'il en soit ainsi.
Pièces d'argent, pièces d'or
Faites-moi une fortune
Que ma bourse puisse contenir.

Pour le poil de chat :

Poil de chat, noir comme la nuit,
Par ce rituel, donne-moi la chance
Pouvoir félin, bénis ce charme
Que ce sort ne répande aucun mal.

Pour la paire de dés :

Jette les dés, vois-les rouler
Et donne-moi la chance d'atteindre mon but
De gagner, gagner tout le temps
Tel sera mon jour de chance.

Pour la menthe :

Petite herbe si pure, si forte
Que ma chance agisse et dure
Ma foi dans la magie ne faillit pas
Et je sais que bientôt je ferai fortune.

Fermez la boîte et scellez-la avec une cordelette dorée. Secouez-la bien en disant :

Mélangez-vous, ma chance va m'apporter l'argent.
Au nom des Anciens, qu'il en soit ainsi.

Gardez près de vous la boîte ainsi garnie quand vous rencontrez vos adversaires. Vous pouvez aussi bien remplacer la boîte en confectionnant une bourse rose ou bleue sur laquelle vous broderez le signe de Jupiter. Vous pourrez plus facilement la porter sur vous.

PRENEZ...

UNE PETITE BOÎTE EN CARTON

UN STYLO

UNE PIÈCE DE MONNAIE

QUELQUES POILS DE CHAT (PERDUS, PAS ARRACHÉS !)

DEUX DÉS

DE LA MENTHE SÉCHÉE

UNE CORDELETTE DORÉE

CHOISIR SA PROFESSION

Trouvez la voie de votre métier idéal

MÊME SI L'ON A DU TALENT, CE N'EST PAS TOUJOURS FACILE DE SAVOIR CE QUE LE FUTUR NOUS RÉSERVE. TRAVAILLEREZ-VOUS DANS LA BANQUE OU DANS LE CINÉMA ? À MOINS QUE VOUS NE RÊVIEZ DE JOURNALISME ? SI VOUS AVEZ DU MAL À CHOISIR VOTRE VOIE, LAISSEZ LES ESPRITS VOUS AIDER À VOUS DÉTERMINER. NE VOUS PRÉCIPITEZ PAS, CAR UNE TELLE DÉCISION NE SE PREND PAS À LA LÉGÈRE. IL SE POURRAIT MÊME QUE VOUS SACHIEZ DÉJÀ LA RÉPONSE AVANT QUE LE SORT AIT FINI D'OPÉRER.

Choisissez un galet pour chaque profession envisagée. Consacrez quelques jours à vous familiariser avec les pierres et à examiner clairement ce qu'implique chaque possibilité. Considérez chaque pierre comme si elle personnifiait toutes les caractéristiques d'un métier. Quand vous sentez que vous y avez assez réfléchi, posez les galets sur le carré de terre. Assurez-vous que la journée est calme et sans vent violent. Attachez une extrémité de la ficelle autour de la baguette et fichez celle-ci au centre du carré. Tendez la ficelle jusqu'au bord du carré et, en vous servant du bâton, tracez un cercle sur la terre. Ensuite, divisez le cercle en autant de parties qu'il y a de pierres et placez une pierre dans chaque partie.

Prenez la plume de corbeau. (Les corbeaux sont associés à la prophétie et à la divination.) Tenez la plume au-dessus du centre et dites :

Esprits qui m'aidez, qui marchez à mes côtés,
je demande maintenant votre aide. Esprits gardiens,
guidez cette plume pour qu'elle m'aide à choisir
une voie spéciale pour mon futur. Je considérerai
votre choix avec sincérité et l'esprit ouvert, honorant
votre sagesse inspirée de votre monde.

Laissez tomber la plume vers le sol. L'endroit où elle se pose révèle ce que les esprits ont indiqué comme pouvant être votre voie future. Rassemblez les pierres, détruisez le cercle et remerciez les esprits pour leur aide.

PRENEZ...

UN GALET DIFFÉRENT POUR CHAQUE PROFESSION QUI VOUS INTÉRESSE

UN CARRÉ DE TERRE (D'AU MOINS 1 M^2)

UNE FICELLE

UNE BAGUETTE

UN BÂTON

UNE PLUME DE CORBEAU

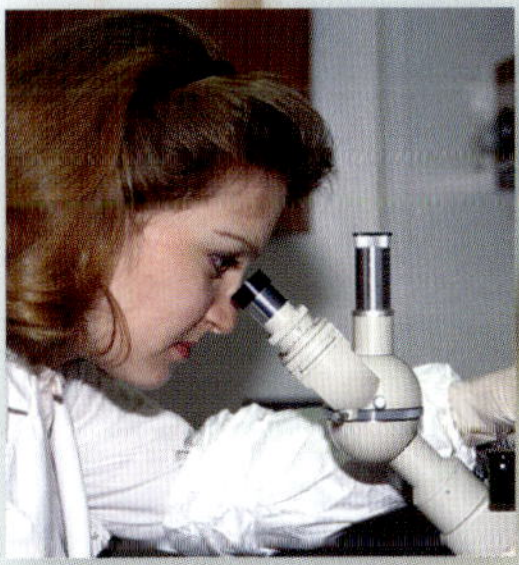

ESSAYÉ ET APPROUVÉ

LES ÉQUIPES SPORTIVES ONT LEUR MASCOTTE POUR ATTIRER LA CHANCE. POURQUOI PAS VOUS ? LES MASCOTTES APPORTENT UNE RELATIVE SÉCURITÉ LORSQUE LA VIE SEMBLE PLEINE DE HASARD OU QUE VOUS ÊTES CONFRONTÉE À UNE SITUATION DIFFICILE OU STRESSANTE. CRÉEZ DONC VOTRE PROPRE MASCOTTE ET IMPRÉGNEZ-LA DE POUVOIRS MAGIQUES.

Tracez un cercle sur la feuille de papier avec le stylo. Faites-le assez grand pour qu'il puisse inclure la mascotte. Ensuite, prenez celle-ci et posez-la au centre du cercle. Allumez la bougie et l'encens et placez-les derrière le cercle pour éviter que vous ne les touchiez par accident. Alignez les coupelles d'eau et de terre devant le cercle, de manière que tous les éléments forment un carré autour du cercle.

Prenez la mascotte et faites-la osciller au-dessus de la flamme de la bougie (attention à ce qu'elle ne prenne pas feu !). Dites :

Par le pouvoir du feu, je te charge de ma volonté.
Apporte-moi calme et confiance quand j'en ai besoin.

Puis passez la mascotte à travers la fumée de l'encens et dites :

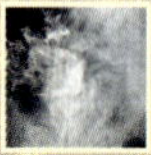

Par la puissance de l'air, j'insuffle la vie en toi.
Envoie-moi calme et confiance quand j'en ai besoin.

Aspergez la mascotte d'eau et dites :

Par la puissance de l'eau, l'énergie de l'univers te traverse
en m'apportant calme et confiance quand j'en ai besoin.

Placez la mascotte sur la coupelle de terre. Dites :

Puissance de la terre, renforce mon vœu. Fais naître ce charme de
manière que je puisse avoir calme et confiance quand j'en ai besoin.

PRENEZ…

UNE FEUILLE DE PAPIER ET UN STYLO

UNE PETITE MASCOTTE (COMME UNE PELUCHE, UN GALET DOUX OU UN CRISTAL)

UNE BOUGIE

DE L'ENCENS

UN PETIT BOL D'EAU

DE LA TERRE

Replacez la mascotte au centre du cercle et posez vos mains dessus. Pendant un court moment, visualisez-vous en train de faire face à des situations qui requièrent calme et assurance, comme une interrogation ou un examen. Quand l'image est claire dans votre esprit, approchez la mascotte jusqu'à vos lèvres et soufflez doucement dessus. Dites :

Je te nomme [choisissez un nom]. Tu es désormais mon ami et mon aide jusqu'à ce que j'en décide autrement. Qu'il en soit ainsi.

Amour et Sensualité

COMMENT DEVENIR UN ÊTRE AIMÉ

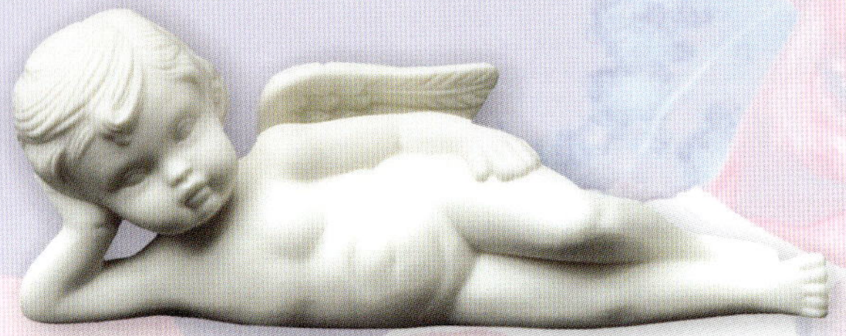

Tout le monde désire être aimé. L'amour se présente sous divers aspects et connaît différentes intensités, mais quand les gens pensent à l'amour, ils pensent surtout au couple. Les charmes amoureux ont toujours fait partie des enchantements les plus populaires et éveillent plus qu'aucun autre l'imagination. S'il est sûr que les pouvoirs magiques peuvent attirer deux âmes l'une vers l'autre, le chemin du véritable amour n'est cependant pas toujours tranquille.

Là encore, le respect de certaines règles est recommandé dans ce type de charme, car il est très délicat de traiter les affaires de cœur. D'abord, vous ne devez jamais chercher à influencer quelqu'un pour qu'il vous aime. De toute façon, agir contre la volonté d'un autre ne marche pas. Au contraire, utilisez la magie pour améliorer le regard des autres sur vous. Qui peut dire ce qui arrivera entre vous dans le futur ? Ne tentez pas de jeter un charme sur quelqu'un qui a déjà une relation, peu importe à quel point vous êtes certaine qu'ils sont malheureux. Le fait d'opérer ce genre de magie risque de vous valoir plus de malheur que vous ne l'imaginez.

Pour revenir au domaine positif, si vous souhaitez trouver l'âme sœur ou renouer avec un amour perdu, la bonne magie vous aidera à aplanir les obstacles. Ces charmes marchent d'une manière très particulière et il arrive que vous rencontriez la personne rêvée au moment où vous vous y attendez le moins. Lorsque c'est le cas, consacrez votre véritable amour en gratifiant l'élu de votre cœur de baisers magiques et gardez-le près de vous grâce au Nœud de la Fidélité. Et si, malgré toutes vos tentatives, le destin en décide autrement, employez le charme voué à soigner les cœurs brisés.

UN BAISER ENSORCELEUR

Devenez celle qui embrasse le mieux

PLUS BESOIN DE VOUS ENTRAÎNER SUR LE DOS DE LA MAIN OU SUR UN MIROIR. CE CHARME PUISSANT FERA DE VOUS CELLE QUI EMBRASSE LE MIEUX À DES KILOMÈTRES À LA RONDE ! EN UTILISANT LES INGRÉDIENTS LES PLUS SIMPLES, VOUS SAUREZ BIENTÔT EMBRASSER VOLUPTUEUSEMENT VOTRE BIEN-AIMÉ. VOS LÈVRES ATTIRANTES SERONT POUR LUI LA PREMIÈRE ÉTAPE D'UNE EXPÉRIENCE ÉDÉNIQUE. MAIS ATTENTION, BIEN QUE CE CHARME FASSE DE VOUS UNE FORMIDABLE PARTENAIRE, IL NE FERA RIEN POUR AMÉLIORER L'ADRESSE DE VOTRE ÉLU !

Une nuit de pleine lune, posez votre bâton de rouge à lèvres dans un endroit où il pourra absorber la puissante énergie lunaire. Ensuite, avec un stylo ou un canif, marquez votre bâton de trois croix, comme ceci :

XXX

Hormis le fait qu'il représente un baiser, ce symbole est aussi celui de la bénédiction ou du cadeau. Et il ne fait aucun doute que ce charme sera pour vous un cadeau ! Tenez le bâton de rouge à lèvres près de votre cœur et dites :

Par la terre et par l'air,
par le feu et par l'eau. Par
le Soleil, la Lune et les étoiles.

Par les arbres dressés et les bourgeons naissants. Par les fleurs, les feuilles et les fruits. Par tout ce qui vole, nage, marche et rampe, je charge ce bâton de rouge à lèvres pour qu'il devienne l'auxiliaire de l'amour. Chaque fois que je le porte, ma confiance en mes baisers doux comme la pluie d'été et torrides comme le feu ne cesse d'augmenter. Qu'aucun mal n'advienne par ce charme.

Appliquez le bâton de rouge sur vos lèvres et pressez-les sur une feuille de papier, en y laissant la marque de votre « baiser ». Dessous, écrivez les mots que vous venez de dire, puis rangez la feuille dans un endroit secret. Ce charme devra être renouvelé tous les trois mois jusqu'à ce que vous preniez confiance en vous.

PRENEZ…

UN BÂTON DE ROUGE À LÈVRES

UN STYLO OU UN CANIF

UNE FEUILLE DE PAPIER

SUSCITER L'AMOUR

Un charme pour trouver l'amour de votre vie

VOUS RÊVEZ BIEN SÛR DE VOIR VOTRE NOUVEAU PETIT AMI SE PÂMER D'AMOUR POUR VOUS. CE CHARME EST ÉGALEMENT EFFICACE POUR RENOUER LES FILS D'UNE ANCIENNE RELATION, À CONDITION QUE LES DEUX PARTENAIRES AIENT LE MÊME DÉSIR SINCÈRE DE RÉCONCILIATION ET QU'ILS OUBLIENT TOUT GRIEF.

Séduisez votre amoureux avec ce charme, dont l'efficacité sera accrue à la nouvelle lune. Son exécution requiert une pomme, car ce fruit fait partie de ceux qu'adorait Aphrodite, la déesse grecque de l'Amour. La pomme est souvent associée à la romance et à la passion amoureuse. Quand vous êtes au côté de votre futur amoureux, prenez une pomme bien rouge, coupez-la en deux (en préservant son cœur !). Offrez-en une moitié au jeune homme et mangez l'autre morceau. Plus tard, une fois seule, enterrez le cœur de la pomme dans votre jardin et marquez le site enchanté en l'entourant de sept pierres.

Asseyez-vous et chantonnez dans votre for intérieur les mots suivants.

L'amour est appelé à grandir,
Libre de toute entrave,
Fort et authentique,
Cet amour est destiné à durer.

Visualisez les mots comme s'ils étaient dotés d'une énergie particulière et qu'ils imprégnaient l'endroit où vous avez enterré le cœur de la pomme. Continuez à chanter ainsi jusqu'à ce que vous sentiez la magie faire son effet.

Puis, chaque soir, pendant les sept jours suivants, retournez au site enchanté. Touchez chacune des sept pierres l'une après l'autre et dites :

Puisse notre amour avoir la vigueur d'un arbre,
Être aussi libre que ses branches dans le vent,
Et aussi voluptueux que ses fruits.
Puisse notre bonheur être aussi luxuriant que ses feuilles,
Et puisse-t-il se nourrir de la force du ciel et de la terre.
Qu'il ne nuise à personne,
Qu'il en soit ainsi.

PRENEZ...

UNE POMME BIEN ROUGE

7 PETITES PIERRES VIOLETTES OU ROSES

RAYONNER D'AMOUR

Un bain de magie moussant pour vous rendre irrésistible

CE CHARME QUI SE PRATIQUE À L'HEURE DU BAIN EST FACILE À PRÉPARER ET DONNERA À VOS RAPPORTS AMOUREUX UN ÉLAN NOUVEAU ! À LA RECETTE DE BASE S'AJOUTENT LES VERTUS TONIFIANTES ET MAGIQUES DE L'HUILE DE JASMIN ET DE LA CANNELLE POUR FAVORISER L'ATTIRANCE ET L'AMOUR.

Mettez les quatre premiers ingrédients dans le bol et mélangez-les bien pour les rendre homogènes et qu'ils s'imprègnent du parfum de la cannelle. À part, dans une assiette creuse, versez l'huile essentielle de jasmin, le colorant alimentaire et l'huile d'amande jusqu'à ce que cette dernière absorbe parfaitement le colorant et le parfum. Puis ajoutez peu à peu le contenu de l'assiette à celui du bol, en mélangeant dans le sens des aiguilles d'une montre. Ce faisant, dites :

Mélange la potion encore et encore.
Dans le cercle de Vénus, l'amour abondera.
Fais de moi une déesse du désir
Pour enflammer le cœur des prétendants.
Que ce charme reste emprisonné
Jusqu'à ce que la force de l'eau le libère.

Continuez à verser la fin de la préparation et à mélanger le tout jusqu'à ce que l'ensemble prenne la consistance d'une pâte. Puis prenez des boulettes d'environ 2,5 cm de diamètre et façonnez-les pour en faire des perles de bain, de préférence en forme de petit cœur. Placez-les sur une feuille paraffinée pour les faire sécher et durcir. Cela devrait prendre un à deux jours. Quand elles sont sèches, enveloppez-les dans du papier paraffiné et stockez-les dans un bocal hermétique. Utilisez-en une, deux ou trois à la fois, juste avant le grand jour.

PRENEZ...

2 CUIL. À SOUPE DE JUS DE CITRON

2 CUIL. À SOUPE DE FARINE DE MAÏS

1/4 DE VERRE DE BICARBONATE DE SOUDE

UNE PINCÉE DE CANNELLE

UN BOL ET UNE ASSIETTE CREUSE

4-5 GOUTTES D'HUILE ESSENTIELLE DE JASMIN

3-6 GOUTTES DE COLORANT ALIMENTAIRE ROUGE

3 CUIL. À SOUPE D'HUILE D'AMANDE

DU PAPIER PARAFFINÉ

DU RESSORT DANS LE COUPLE

Chassez les ombres de votre couple et restaurez l'harmonie

MÊME LES MEILLEURES RELATIONS DU MONDE TRAVERSENT DES PÉRIODES DIFFICILES. SI TEL EST LE CAS, ESSAYEZ CETTE TECHNIQUE MAGIQUE SIMPLE À EXÉCUTER EN VOUS FAISANT AIDER PAR LA TERRE ET L'EAU.

D'abord, trouvez un petit galet arrondi et noir. Les pierres sont associées à la magie terrestre, celle de la stabilité et de la prospérité. Elles ont aussi la faculté d'absorber les énergies, en particulier les pensées et les sentiments. La couleur noire accroît les pouvoirs réceptifs de la pierre. Avant d'utiliser le galet, demandez-lui sa permission et son aide pour résoudre vos difficultés. Gardez-le constamment sur vous et sous votre oreiller, la nuit. Une fois par jour, maintenez-le contre votre cœur et confiez-lui le problème qui gâche votre relation et la manière dont vous voudriez

le résoudre. Continuez d'agir ainsi jusqu'au moment de la pleine lune. Puis emportez le galet dans un endroit où coule de l'eau (une rivière ou le bord de la mer). Tenez fermement la pierre et dites :

Chère pierre, tu es une bonne amie pour moi. Tu as entendu mes problèmes et les as pris en compte. Avec gratitude, je te demande maintenant une dernière faveur. Lorsque je te libérerai pour que tu poursuives ton voyage, emporte mes ennuis loin de moi et lave-les dans les eaux de la vie. Au nom des Anciens, je te salue.

Jetez la pierre dans l'eau le plus loin possible. La propriété purifiante de l'eau dissoudra l'énergie perturbée de la pierre. Ce charme peut être pratiqué pour d'autres types de soucis.

PRENEZ…

UN PETIT GALET NOIR

FAIRE REVENIR UN AMOUR PERDU

Un charme tout indiqué pour ranimer le véritable amour

L'EXISTENCE D'UN COUPLE PASSE PAR PLUSIEURS STADES. CERTAINS AMOURS DURENT TOUTE UNE VIE, D'AUTRES SEULEMENT QUELQUES JOURS, SEMAINES OU MOIS. IL EST IMPORTANT DE SAVOIR QUAND IL EST INDIQUÉ DE LAISSER PARTIR UN AMOUR QUI SE DÉSAGRÈGE ET D'EN TROUVER UN AUTRE. MAIS IL ARRIVE PARFOIS QU'IL VAILLE LA PEINE DE RANIMER UNE RELATION.

Soupesez d'abord les raisons de la rupture et voyez si vous voulez vraiment recommencer. Quelle influence voulez-vous que votre magie exerce sur l'autre personne ? Ce n'est pas très louable d'influencer quelqu'un contre sa volonté. Donc, avant d'employer ce charme, prenez tout cela en considération.

Si vous décidez de poursuivre, choisissez un vendredi soir proche de la nouvelle lune. Préparez-vous en prenant un bain et choisissez de nouveaux vêtements. L'idéal

est de pratiquer ce charme sur votre autel, sinon trouvez un autre endroit comme le manteau d'une cheminée ou son âtre refroidi. Disposez les bougies à environ 25 cm l'une de l'autre, puis installez votre photo derrière l'une des bougies et celle de l'autre personne derrière la seconde. Liez les deux bougies avec la cordelette argentée en la nouant près de leur base. Allumez les bougies et dites trois fois :

Cette bougie pour lui,
Cette bougie pour moi.
Quand elles se toucheront,
Réunis nous serons.
Ranimez l'amour,
Ranimez la flamme
[nom de votre amoureux], je t'appelle.

Rapprochez la bougie représentant l'autre personne de 3 cm environ vers la vôtre. Procédez en la faisant tourner pour que la cordelette s'enroule autour d'elle. Répétez ceci durant les huit jours suivants, jusqu'à ce que les bougies se touchent le dernier jour. Enveloppez tous les ustensiles dans une soie douce, et rangez-les en lieu sûr.

PRENEZ...

2 BOUGIES BLANCHES

UNE PHOTO DE VOUS

UNE PHOTO OU UN OBJET DE VOTRE AMOUREUX

UNE CORDELETTE ARGENTÉE

POUR GUÉRIR UN CŒUR BRISÉ

Un charme pour vous redonner goût à la vie quand une relation amoureuse est rompue

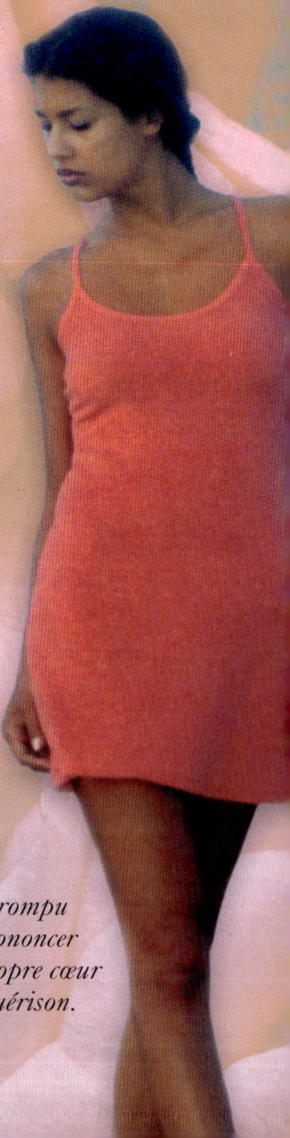

UN VÉRITABLE AMOUR N'EST PAS TOUJOURS SEREIN. IL EST SI FACILE, LORSQUE TOUT VA MAL, DE PERDRE SA JOIE DE VIVRE ET DE SE LAISSER SUBMERGER PAR DES PENSÉES LUGUBRES. SI CELA VOUS ARRIVE ET QUE VOUS SOUFFRIEZ D'UN CHAGRIN D'AMOUR, CE CHARME PEUT VOUS GUÉRIR

De préférence en période de nouvelle lune, trouvez un endroit tranquille où vous pourrez allumer une bougie et de l'encens. Prenez la branchette et cassez-la en deux. Dites :

Ce bâton rompu représente mon cœur brisé et ma tristesse. Ce qui fut un et harmonieux est désormais brisé et bouleversé. Je viens ici avec mon cœur pour qu'il puisse entamer le chemin de la guérison et retrouver une nouvelle fois le véritable amour.

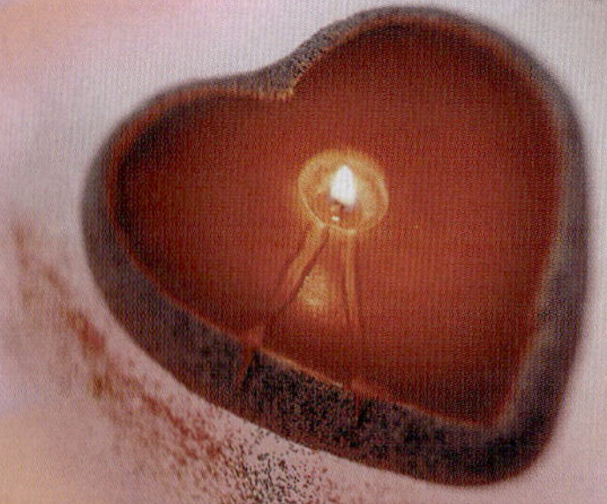

Commencez par enrouler le brin de laine autour des deux morceaux de bois, attachez-les solidement ensemble en disant :

Avec cette laine, je lie ce qui est rompu
Des paroles réconfortantes à prononcer
Je suis la guérisseuse de mon propre cœur
Dès maintenant commence ma guérison.

Dès que les deux morceaux de bois sont liés ensemble, il est temps d'invoquer les puissances des quatre éléments. Tenez soigneusement les bâtons au-dessus de la bougie (veillez à ce qu'ils ne prennent pas feu) et dites :

Puissances du feu, ramenez la chaleur dans mon cœur.

Puis passez les bâtons dans la fumée de l'encens et dites :

Puissances des airs, soufflez-moi un nouvel espoir d'amour.

Puis saupoudrez un peu de terre sur les bâtons en disant :

Puissances de la terre, redonnez de la stabilité à ma vie.

Maintenant, emportez les bâtons là où coule de l'eau, (une rivière ou le bord de la mer), et jetez-les aussi loin que possible. Ce faisant, dites ces mots pour finir :

Puissances de l'eau, prenez ce symbole de mon cœur blessé et purifiez-le de toutes les actions et de tous les mots douloureux. Puissé-je sentir les effets magiques de votre guérison m'envahir à mesure que la lune change de phase dans le ciel. Par les puissances des Anciens, qu'il en soit ainsi.

PRENEZ…

UNE BOUGIE BLEUE

DE L'ENCENS

UNE BRANCHETTE OU UNE TIGE DE BOIS

UN FIL DE LAINE BLEUE

UN BOL REMPLI DE TERRE

LE NŒUD DE LA FIDÉLITÉ

Faites un nœud pour raffermir les liens de la fidélité

VOUS AVEZ ENFIN TROUVÉ VOTRE PETIT AMI ET VOUS VOULEZ QUE LES CHOSES DURENT. CE CHARME FAVORISERA LA FIDÉLITÉ. MAIS ATTENTION À LA JALOUSIE, ELLE PEUT VOUS FAIRE IMAGINER TOUT UN TAS DE CHOSES QUI N'EXISTENT PAS VRAIMENT, ET CELA POURRAIT BIEN DÉSTABILISER VOTRE COUPLE.

La nuit de la pleine lune, installez votre autel et allumez les deux bougies vertes et l'encens. Commencez à façonner une forme humaine avec le cure-pipe en la rendant aussi réaliste que possible. Quand vous la trouverez ressemblante, découpez dans une photo le visage de votre bien-aimé et fixez-le à la tête du cure-pipe. Ce faisant, visualisez clairement cette silhouette en train de devenir réelle et d'adopter la personnalité et les habitudes de votre ami. Quand l'image est précise dans votre esprit, prenez le ruban vert et attachez-le autour des hanches du cure-pipe, avec un nœud à deux boucles. Ce faisant, prononcez ces mots :

PRENEZ...

2 BOUGIES VERTES

VOTRE ENCENS FAVORI

UN CURE-PIPE

UNE PETITE PHOTO DE VOTRE BIEN-AIMÉ

UN MORCEAU DE RUBAN VERT

Figurine, par ce charme, tu es lui.
Je t'appelle [nom de votre bien-aimé].
Ce charme lui commandera,
Comme il te commande.
Par ce ruban, ton cœur est lié au mien,
Par ce ruban, ton corps est lié au mien.
Je te le dis, ne t'éloigne pas
Fidèle à mon amour tu resteras
Jusqu'à ce que s'écroulent les montagnes,
Jusqu'à ce que s'éteignent les étoiles,
Ou jusqu'à ce que je te détruise.
C'est ma volonté,
Qu'il en soit ainsi.

Gardez la figurine en lieu sûr. Mais n'oubliez pas qu'une magie plus puissante peut annuler ce charme. Si le destin veut qu'il parte, acceptez-le.

Corps et Beauté

CHOYER SON CORPS DE RÊVE

CI-DESSUS. Les sorcières furent toujours dépeintes sous les traits hideux de vieilles ensorceleuses. Ce qui était une caricature.

L'IMAGE TRADITIONNELLE DE LA SORCIÈRE EST CELLE DE LA LAIDEUR. MAIS COMMENT UNE PERSONNE DONT LA CONNAISSANCE DES PHILTRES ET DES PLANTES LUI DONNENT LA POSSIBILITÉ DE RESTER BELLE POURRAIT BIEN AVOIR DES DENTS NOIRES ET UN MENTON POILU ? EN FAIT, UN GRAND NOMBRE DE SORCIÈRES CONDAMNÉES AU BÛCHER ÉTAIENT DE TRÈS BELLES FILLES.

CI-DESSUS. Beaucoup de lotions de beauté utilisent des ingrédients facilement accessibles autour de chez soi.

CI-DESSUS. Préparer votre propre lotion vous fera vous sentir unique.

Autrefois, l'Église chrétienne, dont les idées influençaient les actes de chacun, condamnait à la malédiction la magie ainsi que celles et ceux qui la pratiquaient. À notre époque, apparemment plus éclairée, les gens qui connaissent mal la sorcellerie continuent de croire qu'il s'agit de quelque chose de maléfique. Quels que soient l'aspect physique des enchanteurs, leur taille, leur couleur de peau ou leur croyance, ils rayonnent d'une beauté intérieure qui leur vient de leur propre conscience d'être une personne unique dans l'univers.

Ce chapitre traite des moyens de révéler votre beauté intérieure grâce à des formules et des lotions. Les recettes à base de plantes qui sont indiquées ici ont été utilisées depuis la nuit des temps.

Le fait de prendre ainsi soin de votre corps vous fera vous sentir unique, ce qui, en retour, vous confortera dans la certitude d'être belle. Ce n'est qu'en étant persuadée de votre beauté que celle-ci rayonnera encore plus, ce que les autres ne manqueront pas de constater. Il n'est pas question de ressembler à une poupée ou de vous lancer dans un régime draconien. Utilisez simplement quelques-unes de ces recettes ou bien élaborez-en vous-même. Et si vous pensez que vous êtes belle, alors vous le serez.

MON CORPS, MON TEMPLE

Découvrez un nouvel équilibre mental et dynamisez votre corps avec l'énergie divine

LES SEPT CHAKRAS SONT DES CENTRES ÉNERGÉTIQUES QUI EXISTENT DANS L'AURA ÉTHÉRIQUE DE L'INDIVIDU. LEUR BUT EST D'ABSORBER, DE TRANSFORMER ET DE DIFFUSER L'ÉNERGIE UNIVERSELLE. LE TERME CHAKRA SIGNIFIE « ROUE », ET LA TRADITION ÉSOTÉRIQUE DE L'ORIENT ET DE L'OCCIDENT UTILISE LA NOTION DES CHAKRAS POUR PERMETTRE À L'INDIVIDU DE TIRER PARTI DE SON ÉNERGIE. CET EXERCICE DE VISUALISATION VOUS APPORTERA UN REGAIN D'ÉNERGIE SPIRITUELLE.

Asseyez-vous confortablement sur un coussin et assurez-vous de ne pas être dérangée. Pendant quelques minutes, consacrez-vous à détendre entièrement votre corps et à ralentir le rythme de votre respiration. Pendant que vous inspirez, imaginez votre corps tirer l'énergie des profondeurs de la Terre Mère. Cette énergie, de couleur dorée, s'élève dans votre corps et circule depuis le bas de votre colonne vertébrale vers le haut. Elle renforce ainsi l'énergie des sept chakras principaux, ou centres énergétiques de votre corps. Pour plus de facilité, imaginez vos chakras comme des fleurs de différentes couleurs.

Tout en inspirant, l'énergie monte jusqu'au premier chakra. C'est le chakra racine, situé au bas de votre colonne vertébrale. De couleur rouge, il représente la force vitale fondamentale de votre corps. Voyez l'énergie atteindre le bouton fermé de la fleur et observez-le s'ouvrir et devenir une jolie fleur rouge.

Inspirez de nouveau et observez la fleur s'ouvrir pour chacun des autres chakras, l'un après l'autre. Quand vous avez atteint le chakra coronal, imaginez l'énergie jaillir et retomber vers la terre comme une fontaine. Après avoir procédé ainsi pendant un moment, laissez les chakras se refermer et reprendre la forme de boutons de fleurs en visualisant une douce pluie

d'argent tomber sur chacun d'entre eux et les purifier. Fermez toujours les chakras avant d'aller dehors car, s'ils restent « ouverts », ils risquent d'absorber de mauvaises énergies.

PRENEZ…

UN COUSSIN CONFORTABLE

UN VISAGE MAGIQUE

Un charme ancien pour embellir votre visage, vos yeux et vos lèvres

POUR UNE SORTIE OU LA GRANDE SOIRÉE, VOICI LE CHARME IDÉAL DESTINÉ À ACCROÎTRE VOTRE BEAUTÉ NATURELLE, À VOUS RENDRE RAYONNANTE EN VOUS DONNANT UNE PEAU MERVEILLEUSEMENT DOUCE. C'EST UN CHARME DE BEAUTÉ POUR LA PEAU, LES YEUX ET LES LÈVRES. IL VIENT D'UNE FEMME QUI A COMPTÉ DANS SA FAMILLE UN GRAND NOMBRE DE SORCIÈRES DEPUIS UN TEMPS IMMÉMORIAL.

Les feuilles de fraisier, comme les pétales de fleurs de souci et de sureau noir, sont utilisées depuis longtemps dans les lotions pour la peau. Ces plantes ont des vertus régénératrices et dynamisantes qui tonifient l'épiderme. L'eau de rose est aussi un tonifiant pour la peau et entre dans nombre d'anciennes formules de beauté. Pour ce qui est de l'eau-de-vie, elle a un rôle de conservateur pour que votre mélange magique garde son efficacité.

Une nuit de pleine lune, cueillez les ingrédients énumérés. Placez chacune des trois plantes dans trois bols différents. Écrasez doucement les feuilles et les pétales pour les ramollir avant de verser dessus une tasse d'eau bouillante. Laissez les herbes infuser neuf minutes, puis filtrez le liquide obtenu dans

PRENEZ...

2 CUILLERÉES À SOUPE DE FEUILLES DE FRAISIER

2 CUILLERÉES À SOUPE DE PÉTALES DE SOUCI

2 CUILLERÉES À SOUPE DE FLEURS DE SUREAU NOIR

DE L'EAU DE ROSE

8 PETITES CUILLERÉES D'EAU-DE-VIE (DEMANDEZ À VOS PARENTS)

UN DÉ À COUDRE DE ROSÉE (RECUEILLEZ-LA TÔT LE MATIN)

un grand bol. Une fois le mélange refroidi, ajoutez l'eau de rose et l'eau-de-vie. Enfin, complétez avec la rosée du matin, connue selon la légende pour embellir celle qui se baigne dedans. Emportez le flacon dehors et posez-le sur le sol, dans un lieu exposé aux rayons lunaires. Agenouillez-vous à côté et dites :

Bonne déesse lunaire
et êtres féeriques,
Donnez-moi ce soir
la beauté,
Que cette lotion soit
enchantée
Par la poudre des elfes
et la lumière argentée.
Pour une peau douce
et jolie,
Que ces trois herbes soient
charmées,
Mon visage resplendit
Par l'eau de rose et la rosée
du matin.

Allez vous coucher et levez-vous avant l'aube pour que la lumière du soleil ne tombe pas sur votre lotion. Laissez-la décanter dans une bouteille en verre sombre. Vous l'utiliserez en imbibant un coton démaquillant à appliquer sur votre visage.

DISPARAIS, BOUTON !

Chassez vos boutons avant le grand jour

C'EST TOUJOURS PAREIL ! JUSTE AVANT LA DATE DU GRAND SOIR OU DU GRAND BAL, VOUS SENTEZ SOUDAINEMENT POINDRE UN BOUTON RIDICULE. ET VOUS SAVEZ QUE SON ARRIVÉE EST INÉLUCTABLE : IL SERA ROUGE ET À POINT EXACTEMENT LE JOUR J. NE PANIQUEZ PAS, ESSAYEZ CE REMÈDE DE BONNE FEMME DÈS QUE VOUS SENTIREZ LES PREMIERS SIGNES.

Prenez la pomme de terre, lavez-la bien et coupez-la en deux. Prenez-en une moitié et pressez-la contre le bouton (l'extrait de pomme de terre est également bon pour la peau). Dites :

Bouton, bouton, sors de là.

Répétez trois fois en « sentant » le bouton s'extirper de la peau et s'infiltrer dans la pomme de terre. Ne vous grattez pas, laissez votre peau travailler. Puis prenez la pomme de terre et faites un trou profond dans le sol. Placez-la dedans et saupoudrez dessus du sel, qui a un pouvoir purifiant. En comblant le trou, chantez :

Bouton indésirable, sors de là
Un bouton ne fera pas la loi
Te voilà enterré dans ce trou
Et dans le noir tu vas pourrir.

La théorie à la base de ce charme est qu'à mesure que la pomme de terre se dégrade au sein de la Terre Mère, le « bouton » disparaît.

PRENEZ...

UNE PETITE POMME DE TERRE

DU SEL

DES CHEVEUX DE RÊVE

Un charme gitan pour favoriser la pousse des cheveux et les rendre soyeux

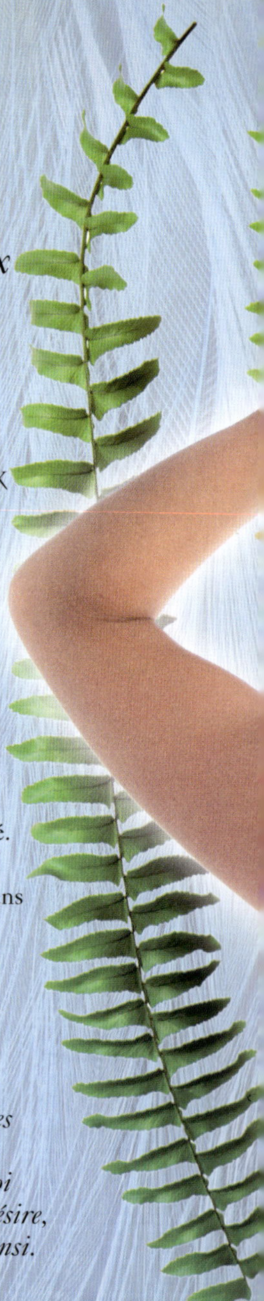

CETTE VIEILLE FORMULE DE SHAMPOING INCLUT DES INGRÉDIENTS QUI RENDRONT VOS CHEVEUX SOYEUX ET FORTS. AVANTAGES SUPPLÉMENTAIRES, ELLE COMBAT LES PELLICULES, FAVORISE LA POUSSE DES CHEVEUX ET POSSÈDE UN INGRÉDIENT MAGIQUE QUI LEUR DONNERA UNE TOUCHE SPÉCIALE !

Faites bouillir de l'eau dans une grande casserole en y jetant les herbes. Ôtez la casserole du feu, mélangez et laissez infuser trois heures. Filtrez le liquide obtenu dans une autre casserole. Mettez les herbes de côté. Ajoutez les copeaux de savon dans l'infusion et replacez sur feu doux. Mélangez vigoureusement jusqu'à ce que le savon se dissolve. Ôtez du feu et ajoutez le borax. Puis, pendant que la préparation refroidit, saupoudrez-la de capillaire de Montpellier broyé. Les vertus magiques du capillaire sont connues pour embellir celles qui l'utilisent. Mélangez la poudre dans le sens des aiguilles d'une montre, en chantant :

Cheveux, poussez vite et bien,
Magie de beauté, apporte
À mes cheveux l'éclat du soleil,
Tel qu'il éblouisse un roi.
Magie féerique et charme des Gitans,
Je vous associe, donnez-moi
Les beaux cheveux que je désire,
Je le veux, qu'il en soit ainsi.

Quand le mélange sera froid, versez-le dans une bouteille et étiquetez-la. Laissez reposer vingt-quatre heures. Pendant ce temps, prenez les herbes et jetez-les, mais pas n'importe où : creusez un trou dans le jardin et rendez-les à la Terre Mère. Laissez sur les lieux une petite offrande comme quelques-uns de vos cheveux.

Au moment d'utiliser le shampoing, rappelez-vous de bien l'agiter pour mélanger les ingrédients actifs qui se sont déposés au fond de la bouteille. Répandez une petite quantité de lotion sur vos cheveux mouillés et massez bien. Laissez agir cinq minutes avant de rincer à l'eau.

PRENEZ...

UNE POIGNÉE DE SOMMITÉS DE JEUNES ORTIES FRAÎCHES

UNE POIGNÉE DE PERSIL FRAIS

UNE POIGNÉE DE ROMARIN FRAIS

6 CUILLERÉES À SOUPE DE SAVON DE CASTILLE EN COPEAUX

UNE CUILLERÉE À SOUPE DE BORAX

UNE PINCÉE DE CAPILLAIRE DE MONTPELLIER SÉCHÉE ET PILÉE

LA FORMULE DE CLÉOPÂTRE

Une lotion de beauté égyptienne appréciée par la compagne de César

LES FEMMES DE L'ÉGYPTE ANCIENNE ÉTAIENT AUSSI SOUCIEUSES D'ÊTRE BELLES QUE CELLES D'AUJOURD'HUI. GRÂCE AUX GRAVURES ET AUX INSCRIPTIONS FUNÉRAIRES, NOUS CONNAISSONS LA NATURE DES INGRÉDIENTS QU'ELLES EMPLOYAIENT POUR LEUR TOILETTE ET LEUR MAQUILLAGE. LEURS SOINS DE BEAUTÉ FAVORIS CONTENAIENT VOLONTIERS DES HUILES CAPITEUSES POUR PARFUMER LEURS CHEVEUX ET LEUR CORPS. VOICI UNE PRÉPARATION HYDRATANTE ET NOURRISSANTE.

L'Égyptienne la plus connue est la reine Cléopâtre, prêtresse légendaire du Nil. La légende raconte qu'elle prenait des bains de lait d'ânesse pour conserver sa beauté naturelle. La formule ci-contre reconstitue la manière dont elle faisait préparer son bain préféré. Qu'elle soit authentique ou non, elle réserve plein de bienfaits pour la peau. Étant donné que cette recette est plus coûteuse à préparer que les bains d'huiles habituels, réservez-la pour des occasions spéciales.

Cassez l'œuf dans un bol et versez-y les huiles d'olive, de palme et d'amande ainsi que le miel. Battez pour bien mélanger et ajoutez les huiles essentielles, le lait et les copeaux de savon. Il est important de continuer de battre en ajoutant ces ingrédients. Dès que le mélange est homogène, versez la lotion dans une bouteille, étiquetez-la et gardez-la dans le réfrigérateur. Elle devra être utilisée dans la semaine.

Lorsque vous vous apprêterez à prendre un bain, versez-y lentement la lotion. Puis allumez une bougie, étendez-vous dans l'eau caressante et retournez dans l'ancienne Égypte !

PRENEZ…

UN ŒUF

8 CUILLERÉES À SOUPE D'HUILE D'OLIVE

4 CUILLERÉES À SOUPE D'HUILE DE PALME

4 CUILLERÉES À SOUPE D'HUILE D'AMANDE

UNE PETITE CUILLERÉE DE MIEL

UNE GOUTTE D'HUILE ESSENTIELLE DE CÈDRE, D'OLIBANUM ET DE SANTAL BLANC

8 CUILLERÉES À SOUPE DE LAIT

UNE PETITE CUILLERÉE DE SAVON DOUX EN COPEAUX

MIROIR, MIROIR

Un charme révélateur de beauté

NOUS CONNAISSONS TOUTES L'HISTOIRE DE BLANCHE-NEIGE. SA SORCIÈRE DE BELLE-MÈRE POSSÉDAIT UN MIROIR MAGIQUE POUR ÊTRE SÛRE D'ÊTRE LA PLUS BELLE ALENTOUR. VOUS AUSSI, VOUS POUVEZ UTILISER UN MIROIR POUR DEVENIR PLUS BELLE, BIEN QU'IL NE POURRA PAS VOUS PARLER COMME DANS LE CONTE ET QU'IL NE VOUS RENDRA PAS JALOUSE AU POINT DE VOULOIR TUER TOUTES CELLES DONT LA BEAUTÉ VOUS SURPASSE !

Ce charme est destiné à révéler votre véritable beauté. Quand vous saurez comment faire pour que votre beauté rayonne autour de vous, peu importe que vous pensiez être quelconque, bien en chair, trop petite ou trop grande. Vous attirerez le regard de tous ceux qui vous croiseront, comme une fleur épanouie attire les abeilles.

Préparez l'infusion en versant l'eau bouillante sur les feuilles de sauge sclarée et laissez refroidir. Filtrez le liquide obtenu dans un bol et balayez la surface du miroir en chantant :

Miroir, miroir, aiguise
ta vision,
Montre par ce rite mon vrai moi,
Depuis le siège de mon âme
Ma beauté intérieure rayonnera.

Choisissez vos vêtements et votre maquillage préférés. Puis tenez-vous devant le miroir et regardez-vous dans les yeux.

Maintenez votre regard jusqu'à ce que vous vous sentiez absorbée par le miroir. À ce moment-là, visualisez-vous en train de plonger en vous-même et de mettre au jour votre beauté intérieure. À présent, admirez-vous telle que vous paraissez : voyez comment vous rayonnez, comme vos yeux étincellent. Dites-vous intérieurement :

Je suis belle, je suis unique. Quelle que soit la façon dont je parais,
Je sais que ma beauté irradie à l'extérieur. Qu'il en soit ainsi.

Ce charme opère magnifiquement juste avant de sortir, car il augmente la confiance en soi. Et plus vous le pratiquez, mieux c'est !

PRENEZ...

UN MIROIR

UNE INFUSION DE SAUGE SCLARÉE

DES YEUX CLAIRS

Rendez éclatants vos yeux fatigués

CE CHARME DESTINÉ À REDONNER UN NOUVEL ÉCLAT À VOS YEUX ASSOCIE UNE FORMULE DE BEAUTÉ À BASE DE PLANTES ET UN POUVOIR MAGIQUE QUI LE RENDRA PLUS EFFICACE. L'EAU DE PLUIE DIRECTEMENT RECUEILLIE DANS UN BOL APPORTE DES VERTUS MAGIQUES QUI ASSOCIENT CELLES DU CIEL ET DE LA TERRE. S'IL VOUS EST IMPOSSIBLE D'OBTENIR TOUS LES INGRÉDIENTS NATURELS EXPOSÉS PAGE CI-CONTRE, NE VOUS INQUIÉTEZ PAS : CE CHARME AGIRA AUSSI AVEC DEUX OU TROIS D'ENTRE EUX.

Placez les fleurs séchées dans un bol et mélangez-les bien à la main. Dans une casserole en acier inoxydable (tout autre matériau pourrait dénaturer l'eau), portez lentement à ébullition l'eau de pluie. Quand elle commence à bouillir, versez soigneusement l'eau sur les fleurs et laissez le mélange refroidir complètement. Filtrez le liquide dans un bol. Plongez la pierre de citrine dans la lotion que vous avez obtenue. Dites :

Yeux, soyez clairs, yeux soyez brillants
Que la magie charme ma vision
Jolis yeux qui brillent comme le soleil
Avec le pouvoir du cristal, ma volonté est faite.

Laissez la pierre dans la lotion pendant un jour et une nuit, puis retirez-la et versez le liquide dans une bouteille en verre. Au moment de l'utiliser, imbibez deux cotons démaquillants et placez-les sur vos yeux clos. Le matin et le soir ou au moment de vous coucher, étendez-vous et relaxez-vous pendant environ dix minutes. Cette lotion devra être utilisée dans la semaine.

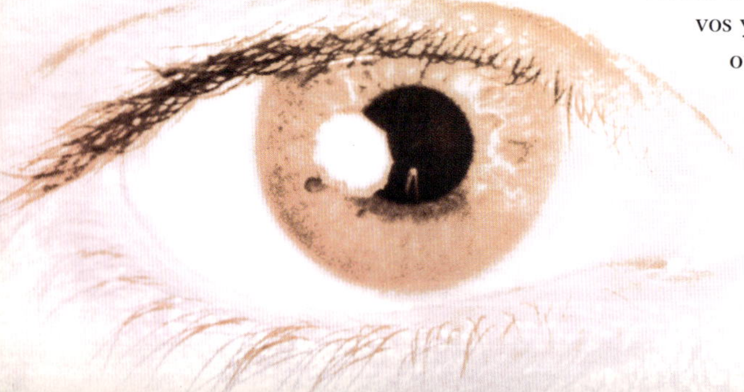

PRENEZ...

UNE CUILLERÉE À SOUPE DE FLEURS DE CAMOMILLE SÉCHÉES

UNE CUILLERÉE À SOUPE DE BLEUET SÉCHÉ

UNE CUILLERÉE À SOUPE DE FLEURS DE SUREAU NOIR SÉCHÉES

UNE PETITE CUILLERÉE D'EUPHRAISE

DE L'EAU DE PLUIE

UNE PIERRE DE CITRINE

DES COTONS DÉMAQUILLANTS

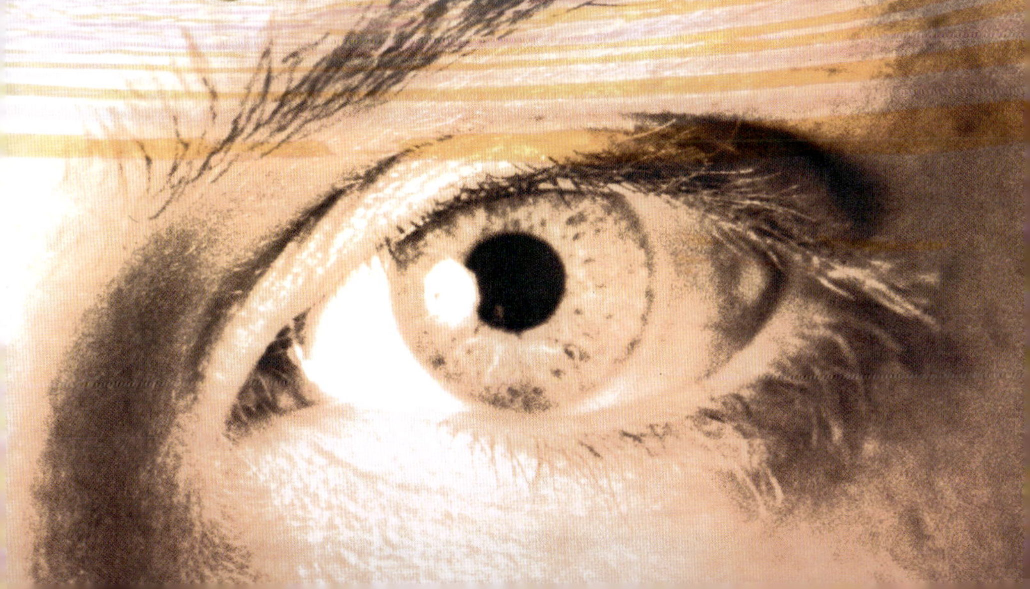

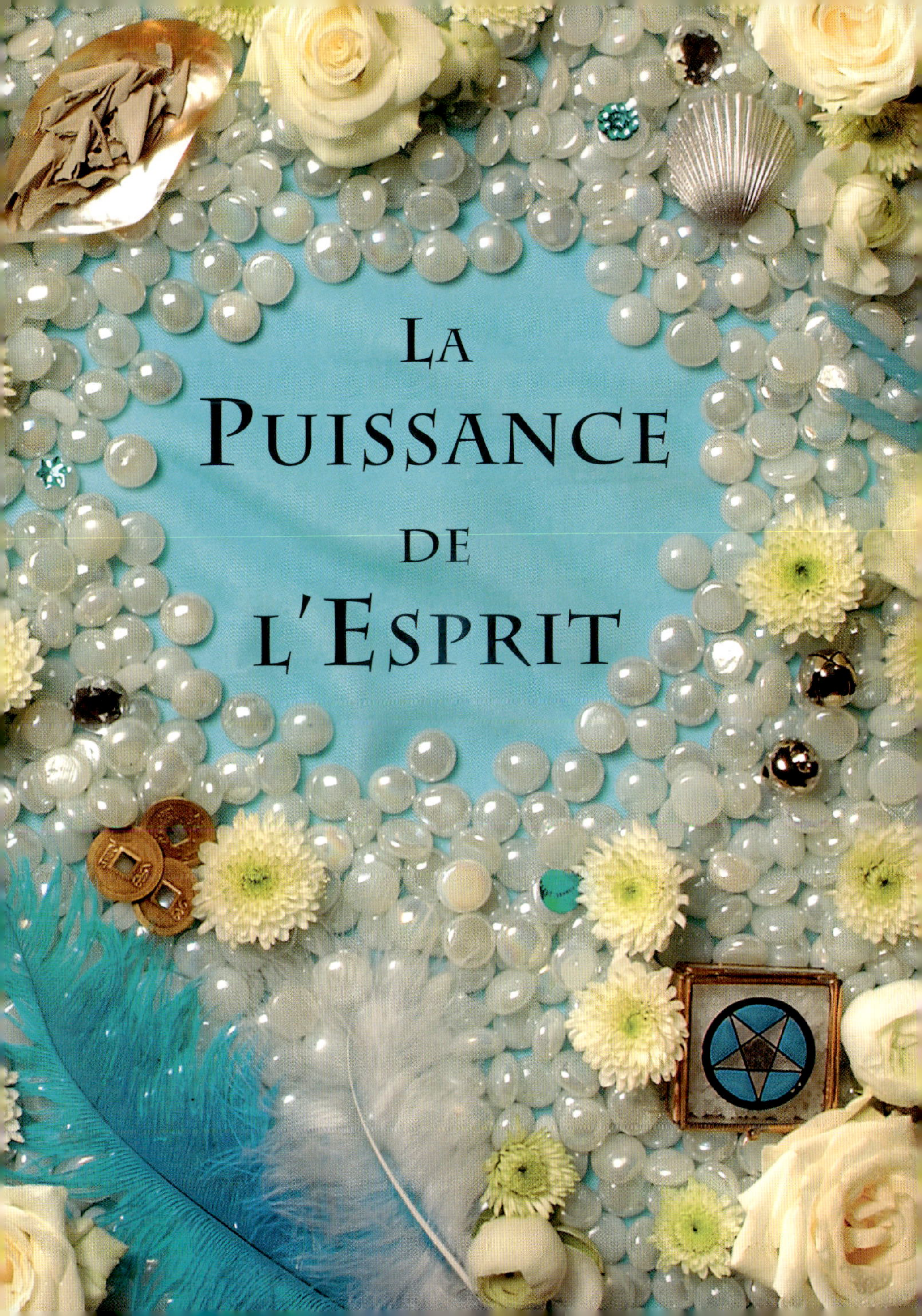

La Puissance de l'Esprit

DÉVELOPPER SES POUVOIRS PSYCHIQUES

NOUS POSSÉDONS TOUS DES POUVOIRS PSYCHIQUES, QUE NOUS EN SOYONS CONSCIENTS OU NON. COMBIEN DE FOIS N'AVEZ-VOUS PAS PRESSENTI LA SURVENUE D'UN ÉVÉNEMENT JUSTE AVANT QU'IL N'ARRIVE ? CERTAINES PERSONNES FONT DES RÊVES PRÉMONITOIRES OÙ LEUR INTUITION LEUR MONTRE LA VOIE À SUIVRE POUR LE FUTUR. D'AUTRES S'ÉTONNENT DE LA FRÉQUENCE DES « COÏNCIDENCES » QUI JALONNENT LEUR EXISTENCE.

Il est certain qu'un être humain ne se résume pas à son existence charnelle. Quiconque souhaite devenir un enchanteur ne manquera pas de découvrir le côté psychique de sa personnalité. Une bonne façon de commencer est de développer ses aptitudes par l'apprentissage de la visualisation et de la méditation guidée (comme la méditation sur votre guide spirituel).

La visualisation, qui développe l'œil intérieur, est une forme plus intense du rêve éveillé, car elle met tous les sens à contribution. Cette faculté est capitale pour formuler des charmes, car elle concentre la volonté sur votre objectif. Toute magie exploite naturellement la puissance de la volonté sur la matière.

Les méditations guidées sont des formes de visualisation où vous faites un « voyage » dans votre œil spirituel. Ce voyage peut s'inspirer de votre imagination, d'une cassette enregistrée ou d'un CD qu'il vous suffit d'écouter. Ces visualisations donnent accès à vos univers intérieurs, dans lesquels vous découvrirez des scènes symboliques ou rencontrerez des guides spirituels indispensables à votre épanouissement. Entrer en contact avec les habitants d'autres mondes n'est pas

facile au début, mais votre persévérance vous comblera.

D'autre part, il se peut que vous croisiez des entités indésirables. Peut-être habitez-vous dans un endroit qui semble hanté ou avez-vous le sentiment que quelqu'un vous a jeté un mauvais sort. Ce chapitre montre comment contrer ces effets pour que vous puissiez vivre dans un environnement sûr et confortable.

CI-DESSOUS. On peut accroître ses pouvoirs psychiques en ayant recours à des méthodes de divination comme la boule de cristal ou à des techniques de visualisation.

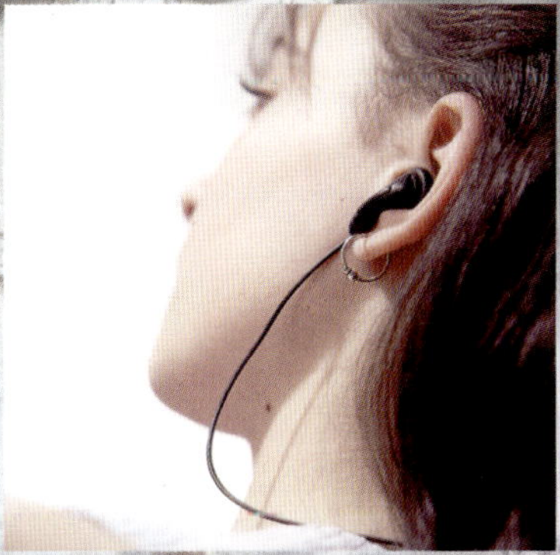

VOTRE GUIDE SPIRITUEL

Une méditation pour vous aider à rencontrer votre aide invisible

CHACUN D'ENTRE NOUS A UN GUIDE SPIRITUEL, ET CE DEPUIS LE JOUR DE NOTRE NAISSANCE. C'EST UN ÊTRE QUE NOUS AVONS CHOISI POUR NOUS AIDER ET NOUS GUIDER SUR LA TERRE LORSQUE NOUS ÉTIONS DE L'AUTRE CÔTÉ, AVANT QUE NOUS NE SOYONS CONÇUS DANS LE VENTRE MATERNEL. LES GUIDES SPIRITUELS NE SONT PAS NÉCESSAIREMENT DES ANGES, BIEN QU'UN ANGE PUISSE VOUS VENIR EN AIDE DE TEMPS EN TEMPS. CES ÊTRES SPIRITUELS SE CONSACRENT À VOTRE ÉPANOUISSEMENT DANS VOTRE VIE ACTUELLE.

La plupart des gens ignorent l'aide que leur prodigue leur guide spirituel. Ils attribuent leur chance à une coïncidence ou à l'instinct. Combien de fois avez-vous senti quelque chose au sujet d'une personne avant de découvrir que vous aviez raison ? Votre guide spirituel était certainement à votre côté de manière subconsciente. D'autres personnes aux pouvoirs psychiques plus développés sont capables d'entendre ou de voir leur guide et pourront même coopérer avec eux pour aider les autres. Les médiums (renommés) en sont de bons exemples.

Si vous souhaitez rencontrer votre guide spirituel, sachez que cela peut demander une grande pratique de la méditation et requiert la ferme intention d'accroître vos pouvoirs psychiques. Cela implique de s'exercer quotidiennement à rester assis sans bouger dans une pièce, avec une bougie allumée et de l'encens, et de suivre des méditations appropriées ou des visualisations guidées comme celle-ci.

Installez-vous confortablement dans une position détendue et visualisez-vous dans un endroit naturel qui soit rassurant pour vous. Ce peut être un bois ou un endroit au bord de la mer, réel ou imaginaire. Sentez vraiment l'endroit, touchez-le, entendez-le et voyez-le. Puis asseyez-vous et

attendez tranquillement. Vous serez prête quand vous pourrez apercevoir au loin une lumière bleue venant vers vous. Elle s'approchera de plus en plus jusqu'à prendre la forme d'une personne. Si elle est suffisamment près de vous, invitez-la à s'asseoir à votre côté et à vous parler. Demandez-lui son nom et entretenez-la des problèmes qui vous tracassent. À la fin, demandez-lui si vous pourrez la retrouver lorsque vous en aurez besoin.

Il se peut que vous n'entendiez que la voix de votre guide. Sachez qu'un guide ne vous demandera jamais de faire des choses nuisibles, à vous ou à autrui. Dès qu'il vous a quittée, revenez lentement de cet endroit et mettez fin à la méditation. Il se peut que vous ne rencontriez personne la première fois. Ne vous inquiétez pas, vous y arriverez en temps voulu si vous vous appliquez sincèrement.

PRENEZ...

UNE PIÈCE TRANQUILLE

UNE BOUGIE BLANCHE

DE L'ENCENS

UN MINI-JARDIN AUX PLANTES MAGIQUES

Cultivez des plantes aux vertus singulières pour entretenir chez vous la chance et l'harmonie

LES JARDINS SONT DES LIEUX SINGULIERS REMPLIS D'UNE MAGIE PARTICULIÈRE. EN PLUS DE LEUR SPIRITUALITÉ NATURELLE ET ATTRAYANTE, LES PLANTES SONT DOTÉES D'AUTRES POUVOIRS. IL S'AGIT DE VERTUS MÉDICINALES, CULINAIRES OU MAGIQUES. ELLES PEUVENT DONC SERVIR À DE NOMBREUX USAGES. CULTIVEZ VOTRE PROPRE JARDIN EN EMPLOYANT LES PLANTES INDIQUÉES ICI OU D'AUTRES ESPÈCES SELON VOS GOÛTS. CE JARDIN RÉUNIT DES PLANTES QUI PROTÉGERONT VOTRE MAISON ET FERONT BÉNÉFICIER VOTRE ENTOURAGE DE LEURS EFFETS SUR LA SANTÉ, LA CHANCE ET L'HARMONIE.

Vous pouvez créer votre jardin à partir de graines, mais il est plus facile et plus rapide d'acheter des plants chez votre fleuriste. Commencez par dessiner un petit pentacle sur chaque tesson de poterie. Ce symbole ancestral donnera à vos plantes un pouvoir magique supplémentaire. Placez les tessons au fond du pot, et remplissez-le de compost presque à ras bord. Il faut que la terre de vos plantes soit bien humidifiée avant de les retirer de leur pot. Creusez délicatement un trou dans le compost pour les rempoter. Pressez soigneusement la terre autour des racines et veillez à ce que le pied disparaisse juste sous la surface de la terre. Les plantes de ce charme ont été choisies pour les vertus suivantes :

Sauge : harmonie dans la maison, sagesse et aptitudes
Romarin : bonne chance, souvenir des ancêtres
Basilic : prospérité et protection
Thym : santé et vigueur.

PRENEZ…

DES PETITS TESSONS DE POTERIE

UN POT

DU COMPOST

DES PETITS PLANTS DE :

SAUGE

ROMARIN

BASILIC

THYM

QUELQUES PAILLETTES EN FORME D'ÉTOILE

Quand vous avez terminé votre plantation, arrosez bien votre compost puis saupoudrez un peu de paillettes sur la terre pour vous rappeler combien ces plantes sont merveilleuses. Si vous le souhaitez, vous pouvez par une petite prière demander aux esprits des plantes de les garder en bonne santé et vigoureuses. Placez le pot à un endroit chaud et ensoleillé et n'oubliez pas d'arroser la terre quand elle est sèche. Si le romarin et la sauge croissent beaucoup, on peut les replanter dehors.

SHAKER MUSICAL

Brandissez ce shaker féerique pour réveiller votre âme d'enfant et apporter le rire dans votre vie

TOUS LES ESPRITS SONT FRIANDS DE MUSIQUE, NOTAMMENT DES SONS AMUSANTS DE L'ARBRE À PLUIE. LES LUTINS NE FONT PAS EXCEPTION. VOUS POUVEZ CONFECTIONNER CE SHAKER MUSICAL À LEUR INTENTION. IL S'INSPIRE DU BÂTON DE PLUIE QU'UTILISAIENT LES AMÉRINDIENS, MAIS, AU LIEU DE FAIRE PLEUVOIR, IL ATTIRERA LES PETITS ÊTRES AUTOUR DE VOUS ET VOUS PROCURERA LA JOIE QUI ÉGAIE LEUR EXISTENCE.

Prenez le tube de carton et, tout du long, enfoncez-y les clous à intervalles réguliers, dans le sens de sa largeur. Fermez le tube à une extrémité en fixant son couvercle avec de la colle ou du scotch. Puis remplissez le tube d'une tasse ou deux de petits objets variés et bruyants. Les lutins aiment s'amuser, donc ajoutez-y tout un tas de choses qui vous font sourire. Quand vous avez rempli le tube, fermez solidement l'autre côté avec de la colle ou du scotch. Pour bien fixer les clous, engluez le carton de colle et recouvrez entièrement le tube en l'entourant de bandes de papier.

Quand vous avez envie de vous amuser, renversez doucement le shaker musical pour que les petits objets qu'il renferme heurtent les clous. Puis dites :

Lutins, lutins, venez jouer,
Chassez de ma tête les idées noires.
Crécelle de lutins, appel des lutins
Rions, amusons-nous et dansons tous.

Puis mettez-vous à danser et sautillez tout en brandissant le shaker et en chantant. Virevoltez en allant dans le sens des aiguilles d'une montre jusqu'à perdre haleine. Asseyez-vous enfin et écoutez les petits éclats de rire autour de vous.

PRENEZ...

UN PETIT TUBE DE CARTON À DEUX COUVERCLES

500 G DE PETITS CLOUS À TÊTE PLATE (PRESQUE AUSSI LONGS QUE LE DIAMÈTRE DU TUBE)

UN MARTEAU

DE LA COLLE

UNE POIGNÉE D'ÉCLATS DE PIERRE MINÉRALE

UNE POIGNÉE DE PÉPINS DE POMMES SÉCHÉS

QUELQUES POILS À GRATTER

ET TOUT CE QUI PEUT FAIRE UN BRUIT DE CRÉCELLE

DES BANDES DÉCORATIVES (LE VELOURS EST IDÉAL)

L'HYDROMANCIE

Un charme pour exploiter les pouvoirs de la Lune

LA DIVINATION EST UN ART ANCIEN QUI CONSISTE À PRÉDIRE LE FUTUR OU À OBTENIR DES RÉPONSES DANS L'UNIVERS SPIRITUEL. DÉVELOPPEZ VOS TALENTS DIVINATOIRES À L'AIDE DE CETTE ASSIETTE MAGIQUE. L'ARMOISE A TOUJOURS ÉTÉ UTILISÉE PAR LES SORCIÈRES POUR PROMOUVOIR LE DON DE DOUBLE VUE.

Préparez l'infusion d'armoise en versant une poignée de cette plante dans un bol d'eau bouillante et laissez-la infuser dix minutes. Quand le liquide a refroidi, filtrez-le dans une bouteille. Une nuit de pleine lune, emportez l'assiette en verre à l'extérieur et, du doigt, frottez-en le fond avec un peu d'infusion. Dites :

Déesses de la Lune, conférez à cette assiette vos pouvoirs
pour qu'elle m'aide dans l'art de la divination.

Laissez l'assiette dehors toute la nuit pour qu'elle absorbe les pouvoirs lunaires. Levez-vous avant l'aube pour aller la reprendre avant que la lumière du soleil ne tombe dessus. Enveloppez l'assiette dans la soie noire et gardez-la dans une armoire close pendant un mois. Cela permettra à la substance de l'armoise et aux rayons lunaires d'imprégner la matière de l'assiette.

À la pleine lune suivante, remplissez l'assiette d'eau et ajoutez deux gouttes d'encre. Emportez-la dehors et placez-la de manière que vous puissiez voir la lune se refléter dans l'eau. Passez trois fois votre main au-dessus de l'assiette et dites :

Noirceur d'encre et pouvoirs secrets de la Lune,
Montrez-moi ce que je désire savoir maintenant.

Asseyez-vous et concentrez votre regard sur l'eau. D'abord, observez l'image de la lune, puis, quand vous vous sentirez

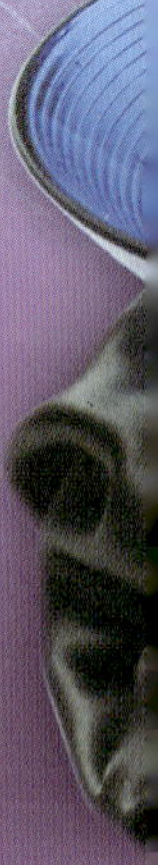

plus détendue, essayez de voir plus loin. C'est un exercice difficile, mais, avec de la pratique, vous y arriverez. Au bout d'un moment, vous remarquerez que l'eau commence à tourbillonner, et des images ou symboles apparaîtront sous vos yeux.

Après chaque divination, nettoyez toujours votre assiette avec l'infusion d'armoise et remettez-la dans l'armoire, enveloppée dans la soie noir.

PRENEZ...

DE L'INFUSION D'ARMOISE

UNE ASSIETTE EN VERRE NOIR

UN MORCEAU DE SOIE NOIRE

DE L'ENCRE NOIRE

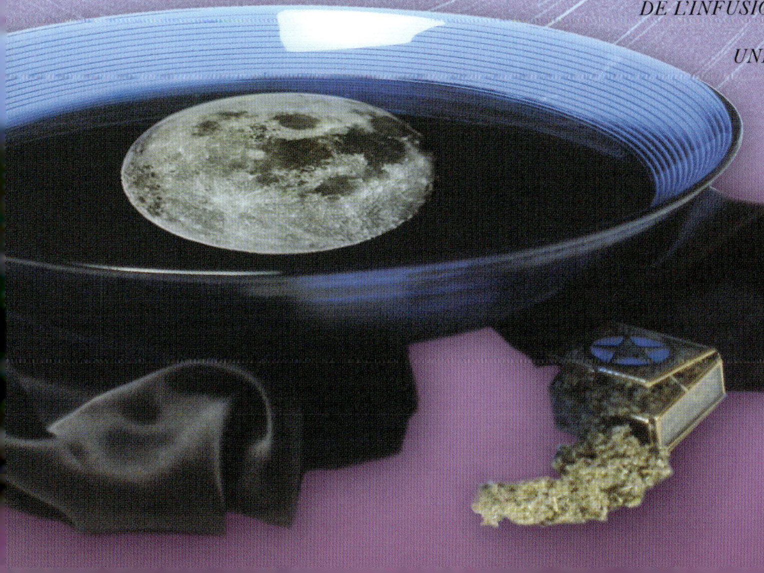

CHASSEUR DE FANTÔMES

Purifiez votre maison de toutes les énergies spirituelles indésirables

IL SE PEUT QUE DES VISITEURS LAISSENT CHEZ VOUS DES ÉNERGIES NÉGATIVES. OU ENCORE QUE VOS PRATIQUES MAGIQUES ATTIRENT DES ESPRITS INDÉSIRABLES QUI ONT DÉCIDÉ QUE VOTRE HABITATION ÉTAIT UN ENDROIT BIEN CONFORTABLE. NE VOUS EFFRAYEZ PAS. IL EXISTE UNE BONNE FAÇON DE CHASSER CES ÉNERGIES TOUT EN EMPLISSANT L'ATMOSPHÈRE DE VOTRE MAISON D'UN PARFUM AGRÉABLE.

Prenez la sauge et enflammez-la pour qu'elle se consume. Cette herbe est traditionnellement employée par les Amérindiens pour purifier l'espace et par leurs danseurs avant un *powwow*. Placez l'herbe dans votre brûle-parfum pour pouvoir l'emporter où vous voulez. Assurez-vous que cet ustensile ne transmette pas la chaleur, car vous risqueriez de vous brûler en le tenant dans la main. Vous pouvez par exemple utiliser un grand coquillage *paua* ou une coquille d'ormeau, qui conviennent parfaitement.

Laissez-vous envelopper par la fumée des pieds jusqu'à la tête. Avec la plume, dirigez la fumée sur votre corps en la visualisant en train de purifier votre aura comme sous une douche. Puis déplacez-vous dans la pièce en enfumant tous les coins et les recoins. Dans chaque pièce, dites :

Partez d'ici, énergies indésirables,
Vous êtes bannies de cette pièce et de cette maison.

Imaginez qu'un nuage sombre se forme au centre de la pièce. D'un dernier coup de plume, il disparaît par la fenêtre en tournoyant et repart d'où il est venu. Purifiez ainsi chaque pièce de la maison sans oublier celles qui sont peu visitées comme la cave et le grenier. Quand vous avez fini, trouvez un endroit tranquille où vous asseoir et méditez. Sentez votre cœur se gonfler d'un amour infini pour l'espace que vous occupez. Laissez cette belle énergie dorée rayonner autour de vous et remplir toute la maison.

PRENEZ...

UNE TRESSE DE SAUGE

UN BRÛLE-PARFUM

UNE GRANDE PLUME

POUPÉE VAUDOUE

Ce charme de guérison brésilien bannira la malchance et attirera la chance

LES POUPÉES VAUDOUES APPARTIENNENT À LA TRADITION DES CARAÏBES. CETTE CROYANCE, VENUE D'AFRIQUE AVEC LE TRAFIC DES ESCLAVES, EST TOUJOURS VIVACE AUJOURD'HUI. QUAND ON PRONONCE LE MOT « VAUDOU », ON PENSE AUX ZOMBIES ET AUX POUPÉES HÉRISSÉES D'ÉPINGLES. CES CLICHÉS SONT TRÈS RÉDUCTEURS PUISQUE LA MAGIE VAUDOUE CONSISTE À AIDER PLUS QU'À NUIRE.

Inspiré d'un charme de guérison brésilien, ce rituel est destiné à vous protéger en bannissant le mauvais sort ou la malchance dont vous pouvez être victime.

Prenez les deux brindilles et liez-les ensemble en forme de croix. Cela servira à créer la structure de la figurine. Attachez la mousse aux brindilles pour modeler le corps. Ce faisant, commencez à fredonner. Chantonnez l'air qui vous vient à l'esprit, car cette petite musique donnera vie à la poupée. Ensuite, cousez les étoffes sur la poupée pour former le visage, les vêtements, les bras et les jambes. Cela n'a pas besoin d'être parfait, la figurine se transformera d'elle-même, ce qui est magique dans ce type de rituel. Brodez les yeux et une bouche souriante, et fixez enfin les motifs décoratifs.

Quand votre poupée est prête, touchez-vous doucement le front, le cœur et le ventre avec. Dites :

Réveille-toi, réveille-toi, réveille-toi. Je te baptise « Poupée de Chance » et te demande de chasser toute la malchance et le mauvais sort. À la place, comble ma vie de bonheur, de santé et de richesse.

Concentrez-vous quelques instants sur les choses que vous désirez dans votre vie avant d'accrocher la poupée dans votre entrée.

PRENEZ…

2 PETITES BRINDILLES SOLIDES

DE LA FICELLE

DE LA MOUSSE

DIVERSES PIÈCES D'ÉTOFFE COLORÉES

DES MOTIFS DÉCORATIFS À VOTRE GOÛT (BOUTONS, PLUMES, PAILLE…)

DU FIL ET UNE AIGUILLE

LA CRISTALLOTHÉRAPIE

Faites partir la maladie par ce charme de guérison au cristal

TOUS LES CRISTAUX ET LES PIERRES ONT DES POUVOIRS DE RÉCEPTIVITÉ ÉTONNANTS. LES CRISTAUX, SURTOUT, ONT LA FACULTÉ D'ABSORBER TOUT CE QUE VOUS LEUR DEMANDEZ, CE QUI LES REND PARTICULIÈREMENT UTILES SUR LE PLAN CURATIF. RAPPELEZ-VOUS TOUJOURS CEPENDANT QUE VOUS DEVEZ TRAITER VOTRE CRISTAL AVEC RESPECT.

Allumez la bougie et asseyez-vous en tenant le cristal. Sentez-le se réchauffer dans votre main à mesure qu'il se met au diapason de votre énergie. Parlez-lui de votre maladie et de l'état dans lequel vous vous sentez. Demandez-lui d'absorber la maladie de votre corps et promettez-lui de le purifier après. Restez ainsi tranquillement assise jusqu'à ce que vous « sentiez » que le cristal a accepté votre requête.

Levez-vous et commencez doucement à frotter tout votre corps avec le cristal, spécialement là où réside votre mal. Ce faisant, visualisez la maladie en train de quitter votre corps. Alors qu'elle vous quitte, la maladie pénètre dans le cristal et disparaît.

Ensuite, placez le cristal dans un verre d'eau. Ajoutez du sel et dites :

Cristal, sois purifié,
Cristal, étincelle à nouveau.
Partez, toutes maladies,
Par le pouvoir de ce rite,
Allez-vous-en
Loin de moi.
Je le veux,
Qu'il en soit ainsi.

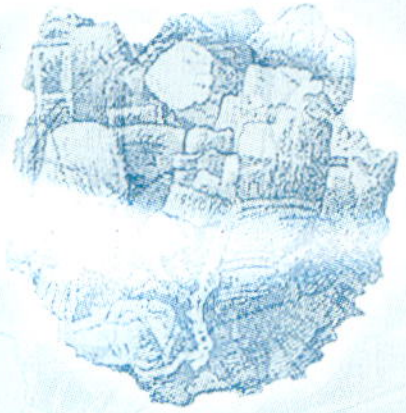

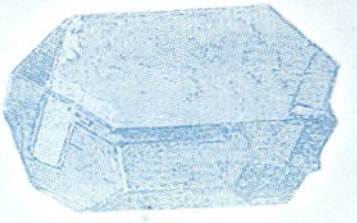

Aspergez-vous d'eau fraîche. Séchez-vous et allez vous reposer. Laissez le cristal dans l'eau pendant quelques heures. Pour parfaire la purification du cristal, videz avec précaution le verre dans l'évier. Rincez le verre et le cristal sous l'eau froide et laissez-les quelque part en plein air, de préférence au soleil, pour qu'ils sèchent. Les rayons du soleil redonneront au cristal l'énergie naturelle qu'il a perdue pendant le charme.

PRENEZ…

UNE BOUGIE BLANCHE

DU QUARTZ

UN VERRE D'EAU

DU SEL

SAISONS
ENCHANTÉES

CÉLÉBRER LE CYCLE DE L'ANNÉE

LES SORCIÈRES ONT UN CALENDRIER BIEN À ELLES POUR CÉLÉBRER LE CYCLE DE L'ANNÉE. CHAQUE FÊTE REND HOMMAGE AUX ÉVÉNEMENTS MAJEURS OU ENCORE AUX DIFFÉRENTES PÉRIODES DE L'ANNÉE ET DONNE AINSI FRÉQUEMMENT LIEU À DES RITES CONVENUS.

SOLSTICE D'HIVER/ YULE

21 DÉCEMBRE

Célébration de la renaissance du Soleil

IMBOLC

2 FÉVRIER

Célébration de la déesse mère du Soleil ; fête de la lumière, du feu et de l'espoir pour l'année qui vient

ÉQUINOXE DE PRINTEMPS

21 MARS

Célébration du début du printemps

BELTANE

30 AVRIL

Célébration de la fertilité et de l'inspiration

Étant donné que ce livre traite des enchantements et non de la sorcellerie elle-même, les détails des cérémonies rituelles ne sont pas abordés. D'autres ouvrages couvrent ce sujet avec plus de pertinence. Ici, vous trouverez un exposé des fêtes et de leurs dates approximatives juste au cas où vous aimeriez les célébrer à votre manière.

Ce chapitre inclut, pour celles qui désirent glorifier les saisons différemment, des charmes saisonniers qui exploitent l'atmosphère et l'énergie particulières des périodes en question. Utilisez-les et adaptez-les à vos besoins. Le fait de pratiquer votre magie selon le cycle de l'année vous apportera, une grande satisfaction. Ce chapitre comprend en outre des charmes supplémentaires et spéciaux inclus dans des pages scellées et seulement utilisables quand on a vraiment besoin d'eux.

Bons charmes !

SOLSTICE D'ÉTÉ

21 JUIN

Célébration du Soleil à son apogée ; le jour le plus long

LUGNASAD

1er AOÛT

Célébration des premières récoltes ; déclin du règne du dieu solaire

ÉQUINOXE D'AUTOMNE

21 SEPTEMBRE

Célébration de la culmination de la récolte ; temps de la réflexion sur l'année écoulée

SAMAIN

31 OCTOBRE

Célébration des ancêtres, quand le voile entre les mondes est le plus mince ; nouvel an celte

ORACLE DU PRINTEMPS

Un charme pour le renouveau et le « nettoyage de printemps » de l'âme, du mental et du corps

AVEC LE PRINTEMPS VIENT LE TEMPS DU RENOUVEAU ET DE TOUTES LES OPPORTUNITÉS. C'EST LE MOMENT DE PRENDRE DES RÉSOLUTIONS, DE REJETER LA TORPEUR HIVERNALE ET DE COMMENCER À METTRE EN ROUTE TOUS LES PROJETS. CEPENDANT, SI VOUS AVEZ DU MAL À SAVOIR PAR QUOI DÉBUTER, EMPLOYEZ CET ORACLE DU PRINTEMPS POUR VOUS AIDER DANS VOTRE CHOIX.

Prenez trois haricots secs et attribuez un projet à chacun. Prenez le pot de compost (ou trois petits pots) et mélangez trois fois de suite la terre dans le sens des aiguilles d'une montre avec votre index gauche tout en disant :

Doigt du destin, montre le chemin,
Oracle, ne me laisse pas sans repère,
La graine vigoureuse et rapide
Montrera le chemin et ma voie.

Puis plantez les haricots dans la terre. Pour chacun, concentrez-vous sur ce que vous voulez réaliser. Fichez une étiquette à côté de chaque graine pour repérer le vœu que chacune représente. Arrosez la terre

et recouvrez le pot d'un sac en plastique pour garder l'humidité. Ensuite, dites une courte prière en demandant aux puissances qu'elles vous orientent par leur sagesse et qu'elles vous donnent la confiance et la force de réaliser les projets de cette nouvelle année.

Placez le pot dans un endroit chaud et vérifiez chaque jour l'irruption des jeunes pousses de la terre. Quand vous en verrez une apparaître, lisez l'étiquette correspondante pour savoir à quel projet vous devriez vous consacrer en priorité. Retirez le plastique du pot et placez ce dernier dans un endroit lumineux et chauffé. Gardez un œil sur les autres plantes puisque l'oracle n'est pas fini.

Quand elles se seront toutes développées et que tout danger de gel sera écarté, vous pourrez les replanter à l'extérieur.

PRENEZ...

TROIS HARICOTS SECS

DU COMPOST EN POT

DES ÉTIQUETTES

RITE ESTIVAL

Sortez de votre torpeur hivernal et célébrez l'énergie solaire

LE BUT EST DE CAPTER L'ATMOSPHÈRE DE L'ÉTÉ ET DE LA GARDER AVEC VOUS DE SORTE QUE SA MAGIE VOUS ENTRETIENNE DE SA CHALEUR LES JOURS DE PLUIE. CHOISISSEZ UNE CHAUDE JOURNÉE D'ÉTÉ. L'IDÉAL SERAIT DE PRATIQUER CE CHARME LE JOUR DU SOLSTICE (21 JUIN), QUAND LA SAISON EST À SON APOGÉE.

D'abord, trouvez un endroit ensoleillé à l'extérieur. Levez les bras vers le soleil et dites :

Dieu du Ciel, Père ancien, toi qui es connu sous de nombreux noms comme Apollon, Lugh, Râ et Sol, que ta bénédiction se répande sur tout ce qui est frappé par tes rayons. Puissent toutes les fleurs et les arbres être comblés par ton essence lumineuse. Bénis aussi mes pas qui me conduisent là où me dirige ce charme.

Asseyez-vous quelques minutes et concentrez-vous sur la nature de l'essence estivale que vous souhaitez capter, puis allez marcher. Laissez votre esprit vagabonder et être attiré par ce qui tombe sous vos yeux. Ce peut être une fleur, une plume, n'importe quoi. Si cela évoque pour vous l'été, prenez-le avec vous. Si vous devez cueillir

PRENEZ...

UNE PRESSE À FLEURS

DU CARTON

DE LA COLLE

une fleur ou arracher une feuille, laissez à la place une offrande comme quelques cheveux.

Poursuivez votre cueillette pendant une heure. De retour chez vous, faites sécher les fleurs et les feuilles sous une presse. Cela peut prendre plusieurs semaines. Quand les fleurs sont sèches, rassemblez-les. Découpez un rond dans le carton et collez-y les éléments de votre cueillette pour créer un montage multicolore comme un mandala. Quand vous avez fini, étendez vos mains au-dessus et dites :

Essence de l'été, te voilà charmée pour garder ta chaleur et ta clarté et m'accompagner pendant les longues journées obscures à venir. Je fais cela au nom de Mère la Terre et de Père le Soleil. Qu'il en soit ainsi.

Accrochez le tableau. Lorsque vous voudrez retrouver le moral ou la chaleur de l'été, mettez votre main dessus et visualisez la chaleur et la luminosité de votre promenade estivale.

Charme scellé

REGAIN D'ÉNERGIE

Quand vous pratiquerez ce charme pour la première fois, il vous donnera la puissance de l'énergie magique éternelle

QUAND VOUS AUREZ EFFECTUÉ CE CHARME, VOUS CONNAÎTREZ LA MÉTHODE POUR OBTENIR TOUTE L'ÉNERGIE MAGIQUE DONT VOUS AVEZ BESOIN. LES SYMBOLES, UN PENTACLE REPRÉSENTANT LA MAGIE ET LE SIGNE DE L'INFINI, SONT DESTINÉS À CONCENTRER VOTRE MENTAL SUR VOS APTITUDES INNÉES. L'ÉNERGIE CONTENUE DANS CE CHARME ACCROÎT VOTRE POTENTIEL ET VOUS RÉVÈLE VOTRE NATURE INFINIMENT UNIQUE ET MAGIQUE.

Pour commencer, laissez votre doigt posé sur le sommet du pentacle. Depuis ce point, suivez-en tout le tracé en partant vers la pointe inférieure droite et jusqu'à revenir au point de départ. Ce faisant, récitez le rituel de la recharge d'énergie.

LA RECHARGE D'ÉNERGIE

Je suis le vent qui murmure dans les arbres. Je suis le soleil qui crée à la fois le jardin et le désert. Je suis le grand océan et tous les poissons qui y nagent. Je suis les cavernes profondes, le sein de la terre qui recèle tous les mystères. Je suis le feu dansant, la tornade qui tournoie et le cri de l'aigle. Je suis l'esprit infini qui jamais ne meurt. Je suis la sérénité de la lune et l'assemblée des étoiles. Je suis un enfant né au sein des étoiles et la magie même du cosmos. Je suis l'univers et il est moi. Je suis unique dans ce monde et j'affirme que, au sein de l'amour qui réside en mon cœur, tout est possible. En conséquence, je réclame mon droit inné aux pouvoirs et à l'amour intimes qui m'accorderont toujours l'énergie dont j'ai besoin.

PRENEZ...

SIMPLEMENT LE CHARME SUR CETTE PAGE

Quand vous avez fini de lire cela, prenez trois grandes inspirations en absorbant la magie qui vous entoure et vous relie à toute chose. Ce charme peut être employé pour vous donner de temps à autre un regain d'énergie, lorsque c'est nécessaire.

MAGIE D'AUTOMNE

Un rite de sorcière pour être en harmonie avec les énergies de l'automne

L'AUTOMNE EST L'ÉPOQUE DE L'ANNÉE OÙ NOUS CÉLÉBRONS LA RENTRÉE DES MOISSONS ET REGRETTONS LE DÉCLIN DE L'ÉTÉ. AUSSI PEUT-ON VOIR DANS CETTE SAISON LE MOMENT DE RÉCOLTER CE QUE NOUS AVONS SEMÉ DANS L'ANNÉE ET DE REJETER TOUT CE QUI NOUS RETIENT EN ARRIÈRE. COMME LE TEMPS DES MOISSONS EST UNE FÊTE, POURQUOI NE PAS ORGANISER UNE SOIRÉE APRÈS CE RITE ?

Asseyez-vous près du feu avec six noisettes à côté de vous. Commencez avec une noisette censée représenter une chose que vous avez réalisée dans l'année écoulée. Peut-être avez-vous réussi à un examen ou avez-vous obtenu un travail que vous vouliez. Tout ce que vous devez dire est :

Cette noisette représente le (la) [une réussite] que j'ai récolté(e) cette année.

Placez la noisette dans votre sac de velours. La noisette suivante doit symboliser quelque chose que vous souhaitez voir partir, ce peut être un trait de votre caractère que vous n'aimez pas ou une peur irrationnelle. Dites :

Cette noisette représente le (la) [un défaut] que j'aimerais voir partir.

Jetez la noisette dans les flammes et regardez-la brûler tout en visualisant ce qui est en train de disparaître de votre vie. Poursuivez ainsi avec les quatre autres noisettes jusqu'à ce que trois d'entre elles se retrouvent dans votre sac et les trois autres réduites en cendre. Puis bénissez la nourriture. Écartez les bras pour englober tout ce qui est devant vous et dites :

Dieux et déesses anciennes de cette terre, esprits et ancêtres bénéfiques, je vous remercie pour cette nourriture et pour tout ce que vous m'avez donné cette année. Je vous demande de nourrir mon esprit pendant les mois obscurs et que vous accordiez votre amour et votre protection à moi-même, à ma famille et à mes amis. Bénissez cette nourriture pour que tous ceux qui la partageront soient en bonne santé, riches et avisés.

PRENEZ...

- *UN FEU DANS L'ÂTRE OU UN FEU DE JOIE*
- *DES NOISETTES*
- *UN PETIT SAC DE VELOURS BRUN*
- *DES PRODUITS DE RÉCOLTE COMPRENANT DES POMMES, DES CITROUILLES, DU JUS DE FRUITS, DU PAIN, DES BAIES COMESTIBLES, DU CIDRE ET DU MIEL.*

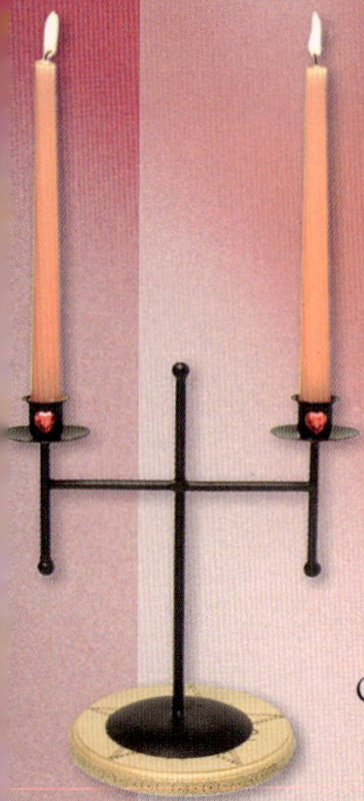

CHARME DE L'ÂME SŒUR

À n'employer que lorsque vous êtes prête à attirer votre véritable amour, car vous ne pourrez plus le refaire !

VOICI UN CHARME POUR VOUS AIDER À TROUVER L'AMOUR DE VOTRE VIE, QUELLE QUE PUISSE ÊTRE CETTE PERSONNE. MAIS ATTENTION : CE CHARME NE PEUT ÊTRE EMPLOYÉ QU'UNE SEULE FOIS. AUSSI ASSUREZ-VOUS QUE C'EST LE BON MOMENT POUR LE FAIRE.

La nuit de la pleine lune, sur votre autel, allumez les bougies et de l'encens (facultatif). Prenez les deux fils de cuivre, métal consacré à Vénus, la déesse de l'Amour, et commencez à les enlacer en répétant :

Moi à lui,
Lui à moi,
Alliés l'un à l'autre
Seront nos cœurs.
Moi à lui, lui à moi,
Nos vies mêlées,
je le veux ainsi.
Malgré la distance,
À travers l'espace,
Fais-moi connaître
Le visage de mon amour.

PRENEZ...

2 BOUGIES VIOLETTES

2 MORCEAUX DE FIL DE CUIVRE

UNE BOURSE DE VELOURS

DES PÉTALES DE ROSE SÉCHÉS

UNE MÈCHE DE VOS CHEVEUX

Finissez d'enlacer les fils de cuivre en les incurvant sous la forme d'un cercle. Puis placez-les dans votre bourse (rose ou blanche) avec les pétales de rose et une mèche de vos cheveux. Asseyez-vous et visualisez-vous en haut d'une colline. Depuis le sommet, votre regard embrasse tout l'avenir. Vers la droite, vous apercevez un fagot de bois qui va servir de fanal. En vous concentrant, vous faites apparaitre une flamme au bout de vos doigts et en touchez le fanal. Le bois sec prend feu et une lueur s'élève dans le ciel. Touchez alors la bourse de velours que vous portez sur vous et lancez un appel au monde :

Je suis là, viens vers moi. Par toutes
les puissances de l'univers, mon âme sœur,
je t'enjoins de venir.

Executez cette visualisation tous les soirs précédant la pleine lune et portez en permanence ce charme sur vous.

TISSAGE D'HIVER

Un charme pour protéger et réchauffer le foyer et le cœur et communier avec l'esprit de Yule

L'HIVER EST L'ÉPOQUE DE LA RÉFLEXION ET DE L'ESPÉRANCE. ON PENSE À CE QUI VIENDRA AU COURS DE LA PROCHAINE ANNÉE. L'APOGÉE DE CETTE SAISON EST LA FÊTE DE YULE (21 DÉCEMBRE), LORSQUE LE SOLEIL RENAÎT ET QUE LES JOURS RALLONGENT. C'EST LE MOMENT OÙ L'ON MÉDITE SUR LA MORT ET LA RENAISSANCE. C'EST AUSSI L'ÉPOQUE OÙ L'ON PENSE À LA FAMILLE ET AU FOYER.

Prenez les trois rameaux et vaporisez dessus de la peinture dorée ou argentée. Vous pouvez ajouter des paillettes pour que cela brille. Quand la peinture est sèche, formez une étoile et fixez solidement le centre. Puis prenez un des fils et commencez à l'enrouler autour de chaque bras en faisant le tour de l'étoile. À mesure que votre tissage progresse, chantonnez un air qui vous semble convenir. Il se peut que ce que vous chantonniez vous soit inconnu et que la mélodie vous vienne comme ça ! Tout en filant et en chantonnant, visualisez une grande toile d'araignée en or tissée de lumière qui va recouvrir et protéger votre maison. Dès que votre ouvrage est achevé, brandissez-le dans les quatre directions, au nord, au sud, à l'est et à l'ouest, et dites à chaque fois :

Puissances du (de) [point cardinal], j'en appelle à vous pour être témoins de ce charme et protéger mon foyer et ma famille.

Pour finir, prenez les décorations et fixez-les à votre charme, les unes après les autres. Donnez un but à chacune d'elles. Par exemple, si vous attachez un petit cœur, vous pouvez dire :

Ceci est pour [nom de la personne]. Qu'il (elle) puisse trouver l'amour dont il (elle) a besoin dans l'année qui vient.

PRENEZ…

3 RAMEAUX SOLIDES, D'ENVIRON 25 CM DE LONG

UNE BOMBE DE PEINTURE DORÉE OU ARGENTÉE

DES PAILLETTES (SI VOUS LE SOUHAITEZ)

DU FIL DORÉ, ARGENTÉ ET BRILLANT

DES BABIOLES DÉCORATIVES OU SYMBOLIQUES

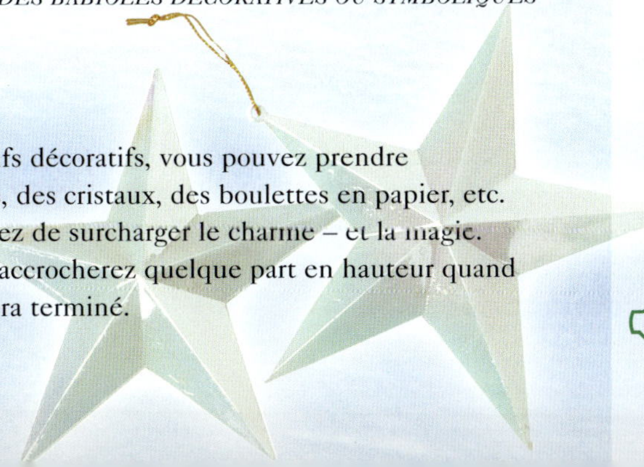

Comme motifs décoratifs, vous pouvez prendre des plumes, des cristaux, des boulettes en papier, etc. Mais évitez de surcharger le charme – et la magie. Vous l'accrocherez quelque part en hauteur quand il sera terminé.

UN ÊTRE À BANNIR

Un charme pour chasser de votre vie la personne que vous ne voulez plus voir, sans lui faire de mal !

PRENEZ...

UN MORCEAU DE CHARBON DE BOIS

UNE FEUILLE DE PAPIER

UNE BOUGIE NOIRE

PEUT-ÊTRE Y A-T-IL QUELQU'UN DANS VOTRE VIE – UNE PERSONNE MÉDISANTE OU UN EX-PETIT AMI RANCUNIER – DONT LE COMPORTEMENT ASSOMBRIT VOTRE EXISTENCE. CE CHARME EST DESTINÉ À LE CHASSER DE VOTRE ESPACE SANS LUI CAUSER AUCUN MAL, CE QUI REJAILLIRAIT NÉGATIVEMENT SUR VOTRE KARMA.

Un samedi de lune décroissante, écrivez au charbon de bois sur la feuille de papier le nom de la personne à chasser. En écrivant, visualisez la personne et les choses qu'elle a faites qui vous ont perturbée. Tracez un cercle autour du nom et dites :

Te voilà cerné(e) [nom de la personne].
Je t'encercle et te garde dans cette frontière noire,
Entends mes paroles de cette nuit.
Par ce charme, je te chasse du cercle de ma vie ;
Je te jette là où tu ne pourras toucher ma lumière.
À partir de cet instant, tu ne me causeras plus d'ennuis.
Par les noms de tous les dieux du ciel
Et les anges du cosmos,
Par cette grande magie, te voilà parti(e)
Sans mal,
Sans méchanceté,

Et avec seulement le souhait que
Tu deviennes meilleur(e).
Qu'il en soit ainsi.

Enflammez avec précaution la feuille de papier avec la bougie. Faites cela dans l'âtre de la cheminée, dehors ou dans l'évier, afin de ne pas risquer de mettre le feu à quelque chose. Ramassez les cendres dans une coupelle et divisez-les en trois parts. Prenez un tiers des cendres et enterrez-les dans le sol en disant :

Ainsi les ennuis sont-ils enterrés profondément
et ne referont pas surface.

Prenez le deuxième tiers et jetez-le dans de l'eau qui coule. Dites en même temps :

Ainsi mes peurs disparaissent à ce jour
et ne reviendront jamais.

Enfin, emportez ce qui reste des cendres dans un lieu élevé et jetez-les au vent. Dites :

Tout ce qui me tourmente est emporté loin
de moi par le vent. Ainsi suis-je libre.

INDEX

CRÉDITS

h = haut, b = bas, g = gauche, d = droit, c = centre, a/p = arrière-plan

The Art Archive 74 hg (Museo del Prado, Madrid/Dagli Orti), 84 hg (Musée des Beaux-Arts, Antwerp/ Dagli Orti), Fortean Picture Library 7 d, 18 hc, 98 hd
Trip 12 a/p (H. Rogers), 32 bg